André LECOCQ

La
Question Sociale
au XVIIIe Siècle

BLOUD & Cie

S. et R. 522-523

André LECOCQ

La
Question Sociale
au XVIIIe Siècle

BLOUD & Cie

S. et R. 522-523

LA

QUESTION SOCIALE AU XVIIIᵉ SIÈCLE

MÊME SÉRIE

La Question sociale

au XVIIIe siècle

PAR

André LECOCQ

Diplômé d'Etudes supérieures d'Histoire et de Géographie.

PARIS

LIBRAIRIE BLOUD & Cie

7, PLACE SAINT-SULPICE, 7

1909

CHAPITRE PREMIER

La Question Sociale au dix-huitième siècle.

La question sociale est de tous les temps, car dans tous les temps il y a eu des riches et des pauvres, des mécontents et des satisfaits, mais elle se pose différemment suivant les époques. Nous la trouvons partout où il y a eu inégalité entre les conditions ou les fortunes. Les remèdes varieront donc comme varient les problèmes posés. Il s'agira tantôt d'égalité politique : en Grèce ou à Rome aux débuts de la République ; tantôt de partage des richesses : aux temps des guerres de la République avec les Gracques, Marius et Sylla ; tantôt ce pourra être question de race comme aux Etats-Unis ; tantôt enfin, comme de nos jours, il pourra s'agir de l'accession de tous les travailleurs à la propriété des moyens de production, des machines, de l'usine, de la mine, etc. Dans ce cas alors la question sociale se doublera d'une question ouvrière, dont l'acuité et l'importance feront quelquefois perdre de vue la première. Chaque siècle a ainsi ses misères et ses inégalités que les philosophes et les économistes se sont préoccupés de faire disparaître.

Sous quel aspect se présente la question sociale au xviiie siècle ? Quelle face du problème est-elle surtout en jeu ?

Il ne saurait évidemment s'agir ici de question politique. Pas de luttes de classe pour conquérir l'égalité civique comme en Grèce : aristocratie et peuple sont réduits à la même impuissance sous la souveraine et impérieuse autorité du monarque. C'est seulement sous la Révolution que cet aspect de la question sociale se dégagera et encore bien imparfaitement. Si la bourgeoisie réclamera pour elle le bénéfice et le bienfait de l'égalité politique, il faudra que le peuple attende jusqu'en 1848 le suffrage universel qui devait reconnaître son avènement à la vie politique.

On s'inquiète peu au xviiie siècle de conquérir une égalité qui serait vaine, étant sans objet.

C'est la liberté, souvent aussi l'égalité de la propriété, que vont réclamer les économistes et les philosophes. Les revendications seront même parfois si vives, les critiques du régime établi si acerbes, que plusieurs mériteront d'être considérés comme les « précurseurs de nos socialistes modernes (1) ».

____

(1) André Lichtenberger, *Le Socialisme au* xviiie *siècle*.

La grande industrie n'existait pas. On ignorait ces grandes usines où s'entassent des centaines d'ouvriers que le patron est amené, par la force même des choses, à considérer comme des rouages et des machines bien plutôt que comme des collaborateurs. A l'époque que nous étudions, le régime de l'industrie familiale n'avait pas encore disparu. Souvent ouvriers et maîtres étaient groupés dans une même corporation. Celle-ci ne présentait plus pour l'ouvrier les avantages que lui garantissaient celles du moyen âge ; s'il lui était le plus souvent impossible de devenir maître à son tour, du moins trouvait-il une sécurité matérielle presque complète et le spectre du chômage ne se présentait pour ainsi dire jamais à ses yeux épouvantés. Quelquefois au contraire l'ouvrier était libre et appartenait aux métiers (beaucoup plus nombreux qu'on ne le suppose généralement) qui ne relevaient d'aucune corporation et alors, on le comprend, le régime de la concurrence se faisait sentir avec plus de force. Dans ce cas, d'ailleurs, les associations de compagnonnage, si développées, venaient en aide à l'ouvrier.

« Le nombre de ceux-ci était d'ailleurs assez restreint et il n'existait pas de prolétariat considérable, exposé à toutes les vicissitudes de l'industrie, et dont le spectacle pouvait exciter l'attention des écrivains (1). »

« La population ouvrière n'offrait donc, somme toute, qu'un champ d'observation

____

(1) André LICHTENBERGER, *Le Socialisme au* XVIIIe *siècle*, p. 20.

assez défavorable à l'éclosion du socialisme. Sauf de très rares exceptions les socialistes du xviiiᵉ siècle ne s'en sont pas préoccupés spécialement et ils y font à peine allusion. *Il n'existe pas au* xviiiᵉ *siècle de question ouvrière.* Lorsque les écrivains s'occupent des ouvriers et réclament des changements dans leur état, ce sont les réformes qu'accomplit la Révolution qu'ils demandent et elles n'ont qu'un caractère individualiste (1). »

Tout au contraire le sort des populations agricoles était beaucoup plus misérable. Au dernier rang de la société, en marge de cette société qui les considère comme des parias, vivent les ouvriers agricoles, les manouvriers. Ces gens se louant au hasard des saisons pour couper la moisson, battre le blé ou faire quelques corvées dans les bois et les taillis, étaient dans une situation des plus précaires. C'était sur eux que sévissaient surtout ces horribles famines qui ne cessèrent de désoler la France au xviiiᵉ siècle et dont le contre-coup devait se faire sentir si terrible au début de la Révolution. Ces gens de journées constituaient un véritable prolétariat agricole. A vrai dire, c'est le seul prolétariat à cette époque. Chose curieuse, qui s'explique cependant assez facilement, ce n'est pas vers lui, d'une façon générale, que vont se porter les sollicitudes des philosophes et des économistes. Trop souvent on ignore à quel point sa condition est misérable pour se préoc-

____

(1) André LICHTENBERGER, *Le Socialisme au* xviiiᵉ *siècle*, p. 21.

cuper d'y apporter remède : *il n'y a pas non plus au* XVIIIe *siècle de question paysanne* (1).

Il était une autre partie de la population agricole qui devait attirer l'attention des économistes : c'était la classe, de beaucoup la plus nombreuse, des tenanciers, fermiers, métayers, etc. Ceux-là cultivaient la terre du seigneurs, moyennant une redevance de loyer qui se compliquait encore et s'aggravait du paiement des droits féodaux (2). Ces droits pesaient lourdement sur les tenanciers. Les impôts de toute nature qu'ils devaient ainsi payer au roi et au seigneur absorbaient le plus clair de leur revenu et faisaient des paysans une classe des plus misérables.

C'est contre ces droits féodaux, restes d'une civilisation disparue, que les philosophes vont s'élever au nom de la liberté humaine. Ils vont réclamer contre cet état qui attache un homme libre à une terre qui ne l'est pas et le met ainsi dans un état de sujétion perpétuelle vis-à-vis d'un autre. La misère qui atteignait tous ces tenanciers fit demander la suppression de ces droits et l'octroi de la libre propriété de ces terres à ces hommes qui les avaient depuis

---

(1) MAURY, *Journal des Savants, 1880.* C. R. de l'ouvrage de M. Karéiev, *Les paysans et la question des paysans en France dans le dernier quart du* XVIIIe *siècle.* Moscou 1879.

(2) Il serait, plus exact comme le fait remarquer M. A. Rambaud, *Civi.*, t. I, p. 156 d'employer ici le terme : droits seigneuriaux : le contrat seigneurial liant le seigneur et ses tenanciers. Nous n'avons cependant pas cru devoir déroger à l'usage qui a pris l'habitude d'appeler droits féodaux toutes ces redevances personnelles ou réelles que le tenancier devait à son seigneur.

si longtemps fertilisées de leur travail et de leurs privations.

La question sociale telle qu'elle paraît se poser au XVIIIe siècle est donc surtout une question de propriété et de propriété agricole. « De même que l'économie politique française dans la seconde moitié du dix-huitième siècle est surtout une théorie de la richesse agricole ; de même les doctrines sociales d'alors, en notre pays, visent un changement dans le régime de la propriété des terres. Pendant toute la Révolution ceux qui se défendaient de professer ce que nous appelons le *socialisme* affirmaient qu'ils ne voulaient pas de *lois agraires*. Le régime de la propriété territoriale était alors la préoccupation dominante (1). »

M. Aulard rendant compte de la soutenance de thèse de M. Lichtenberger posait également le problème en ces termes : « C'est sur ce point, qui est en somme l'essentiel de la thèse, que la discussion a porté. On a critiqué la définition que M. Lichtenberger donne du socialisme et surtout la façon dont l'auteur a appliqué cette définition aux écrivains du dix-huitième siècle. Je lui ai reproché pour ma part de n'avoir appelé socialistes que ceux dont les critiques ou les systèmes pourraient s'appliquer à la société d'aujourd'hui. *Je crois qu'il y a eu au* XVIIIe *siècle une question sociale, celle de la destruction de la propriété féodale.* Nos pères ont résolu leur

____

(1) ESPINAS, *La Philosophie sociale du* XVIIIe *siècle et la Révolution,* p. 85.

question sociale qui n'était pas celle que nous avons à résoudre ; mais c'était bien une question sociale (1). »

Refaire après de Tocqueville et Taine le tableau des maux et des vexations de toutes sortes qui pesaient sur les paysans serait superflu et hors de propos. Il importe cependant de bien préciser ce point pour achever de comprendre sous quel aspect se présentait la question sociale au XVIIIe siècle et comment hommes politiques ou penseurs furent appelés à s'en occuper.

Le droit de propriété, tel que nous l'entendons d'après notre droit civil, n'existait pas pour les paysans de l'ancien régime. La propriété supérieure du seigneur se manifestait par toutes les taxes et par toutes les variétés des droits domaniaux ou seigneuriaux que le paysan était obligé d'acquitter avant de jouir en paix (et encore !) du fruit de son travail. Tocqueville nous a tracé dans son ouvrage *L'Ancien Régime et la Révolution* une peinture vivante de la condition peu enviable du paysan au XVIIIe siècle. « Imaginez, je vous prie, le paysan français du XVIIIe siècle, ou plutôt celui que vous connaissez, car c'est toujours le même ; sa condition a changé, non son humeur. Voyez-le tel que les documents que j'ai cités l'ont dépeint, si passionnément épris de la terre qu'il consacre à l'acheter toutes ses épargnes et l'achète à tout prix. Pour l'acquérir il lui faut d'abord payer

____

(1) AULARD, *R. de la Révolution française*, 14 juillet 1893, p. 89. C'est nous qui soulignons le passage en italique.

un droit, non au gouvernement, mais à d'autres propriétaires du voisinage, aussi étrangers que lui à l'administration des affaires publiques, presque aussi impuissants que lui. Il la possède, en vain il y enterre son cœur avec son grain. Ce petit coin du sol qui lui appartient en propre dans le vaste univers le remplit d'orgueil et d'indépendance. Surviennent pourtant les mêmes voisins qui l'arrachent à son champ et l'obligent à venir travailler ailleurs sans salaire. Veut-il défendre sa semence contre leur gibier ? Les mêmes l'en empêchent, les mêmes l'attendent au passage de la rivière pour lui demander le droit de péage. Il les retrouve au marché où ils lui vendent le droit de vendre ses denrées, et quand rentré au logis il veut employer à son usage le reste de son blé, de ce blé qui a crû sous ses yeux et par ses mains, il ne peut le faire qu'après l'avoir envoyé moudre dans le moulin et cuire dans le four de ces mêmes hommes. C'est à leur faire des rentes que passe une partie de son petit domaine et ces rentes sont imprescriptibles et inaliénables (1). »

Quiconque connaît nos paysans sait quelle répugnance ils ont encore de nos jours à acquitter la redevance en nature que la coutume avait fait maintenir dans leur bail. Beaucoup préfèrent un fermage plus élevé et veulent être exemptés de toute contribution en nature. Nous connaissons pour notre part (et ceci est un exemple entre beaucoup) une ferme importante

---

(1) De TOCQUEVILLE, *L'Ancien Régime et la Révolution*, liv. II, ch. 1.

dont le locataire a refusé de renouveler le bail
en prétendant que les quelques livres de beurre
qu'avait retenues le propriétaire portaient atteinte
à sa dignité. « Nous ne sommes plus, dit-il, au
temps de la dîme et de la féodalité. J'aime mieux
lui donner de l'argent, il achètera avec du beurre
s'il veut. »

On comprend par là ce que ces multiples
redevances, où le tenancier devait souvent payer
de sa personne, étaient odieuses aux paysans.
Il faudrait encore ajouter les impôts royaux,
gabelle, taille, etc., qui pesaient lourdement sur
lui et ne lui laissaient pas toujours le quart de
son revenu pour vivre. M. Hocquart de Turtot,
après une étude rapide sur le bienfait qu'avaient
été primitivement tous ces droits seigneuriaux,
concluait en ces termes : « D'où vient donc que
ces droits étaient si abhorrés, et que c'est pour
brûler les terriers que dans tant de lieux, de
1789 à 1790, les paysans ont mis le feu aux
châteaux ? Pour deux raisons, la première et
la plus importante, c'est qu'à ces droits, qui au
moyen âge formaient avec la dîme les seules
contributions du peuple, s'étaient ajoutés les
impôts royaux, vingt fois supérieurs et perçus
de la manière la plus dure. Ils retombaient
presque uniquement sur les plus misérables,
alors que la bourgeoisie et les ouvriers des
villes avaient de grands adoucissements. Cette
raison est primordiale ; l'Etat avait primé le
seigneur, le roi avait dépouillé ce dernier de
tout pouvoir politique, le paysan le voyait et ne
comprenait pas alors qu'ayant tant donné à

l'Etat il eût encore à payer au château... La deuxième raison consistait dans cette absence de propriété à la façon dont nous entendons le mot. L'héritage tenu à cens n'est pas une possession véritable puisque le seigneur conserve *la directe* se manifestant par la perception des droits seigneuriaux (1). »

La misère entrevue des paysans avait déjà attiré les préoccupations de certains esprits et dans bien des parlements ce n'était pas sans de grandes, de minutieuses précautions que l'on admettait la revendication du seigneur. Malheur aux propriétaires dont les réclamations n'étaient pas appuyées par des titres parfaitement clairs et authentiques ! Leur demande était impitoyablement rejetée. Il est vrai d'ailleurs que cette sympathie des parlementaires pour les paysans se tourna souvent contre ces derniers. Cette opposition au moins passive des Cours suprêmes eut pour résultat d'inciter les seigneurs à opérer de sérieuses revisions dans l'état de leurs redevances. Les chartriers et les archives furent dépouillés et on exhuma bien des taxes depuis longtemps abandonnées. « Comme leurs anciens procureurs fiscaux poursuivaient mollement des causes qu'ils trouvaient peu justes ou peu sensées, il se forma une horde d'agents d'affaires, sans scrupules, rompus à la chicane, qui vinrent s'offrir aux seigneurs, les poussèrent à des procès auxquels ils ne songeaient

---

(1) HOCQUART DE TURTOT, *Le Tiers Etat et les privilèges.* 1907, Perrin, p. 22.

pas, entreprirent les recouvrements à forfait ; c'étaient les commissaires à terriers. Ainsi la seigneurie à ses derniers jours se montrait plus vivace, plus âpre que jamais ; de là cette haine nouvelle des paysans contre les archives reconstituées. C'est pour les brûler qu'en 1789 ils brûlèrent les châteaux (1). »

On comprend quelle proie étaient les paysans pour ces commissaires à terriers. Aucune considération d'humanité, aucune pitié ne devait arrêter ces nouveaux publicains, et leurs exigences vinrent encore diminuer le maigre revenu du pauvre cultivateur. Il était propriétaire cependant, mais propriétaire d'une terre dont tout le revenu appartenait à d'autres et dont la récolte l'empêchait à peine de mourir de faim.

Tous les écrivains, moralistes, politiques, économistes, philosophes, prédicateurs, nous ont laissé des peintures fort sombres de l'état misérable des classes agricoles. Tout le monde a lu et connaît le tableau que nous en trace La Bruyère dans ses *Caractères*.

En 1725, Saint-Simon pouvait écrire : « On vit en Normandie d'herbe des champs. Le premier roi de l'Europe ne peut être un grand roi s'il ne l'est que de gueux de toutes conditions et si son royaume est un vaste hôpital de mourants. » En 1740, Massillon, alors évêque de Clermont-Ferrand, envoyait au premier ministre Fleury, le tableau attristant du sort des paysans d'Auvergne.

______

(1) A. RAMBAUD, *Histoire de la civilisation française*, t. II, p. 90.

« Le peuple de nos campagnes est dans une misère affreuse, sans lits, sans meubles, la plupart même mangeant la moitié de l'année du pain d'orge et d'avoine, qui fait leur unique nourriture et qu'ils sont obligés d'arracher de leurs bouches et de celles de leurs enfants pour payer leurs impositions... C'est à ce point que les nègres de nos îles sont infiniment plus heureux, car en travaillant ils sont nourris et habillés avec leurs femmes et leurs enfants, au lieu que nos paysans, les plus laborieux du royaume, ne peuvent avec le travail le plus dur et le plus opiniâtre, avoir du pain pour eux et leur famille et payer les subsides. »

De pareilles constatations ne sont pas rares sous la plume des écrivains du XVIIIᵉ siècle. Les esprits qui réfléchissaient voulurent apporter un soulagement à une situation si misérable. On examina sérieusement le problème qui se posait et on en vint à conclure que seule une réforme complète du régime de propriété pourrait apporter un remède efficace aux maux de la classe agricole.

Les prédicateurs catholiques ne cessèrent de rappeler la grave obligation qu'il y a pour les riches de venir en aide aux pauvres. On rappela l'âge d'or du paradis terrestre, cet âge où tous les biens étaient égaux, où on ne connaissait ni riches ni pauvres. « Qui l'ignore, écrivait Massillon, écho fidèle de tous les prédicateurs du XVIIIᵉ siècle, qui l'ignore que tous les biens appartenaient originairement à tous les hommes en commun, que la simple nature ne connaissait ni de propriété ni de partage et qu'elle laissait chacun de nous en possession de tout l'univers (1). »

En 1745, l'Académie française proposait au concours le sujet suivant : « *La sagesse de Dieu dans la distribution inégale des richesses, suivant ces paroles : « Dives et pauper obviaverunt sibi ; utriusque operator est Dominus.* »

Vauvenargues envoya un mémoire. Il empruntait presque la parole de Bossuet pour déclarer que « le riche n'est que le dépositaire des biens du pauvre, et le sommer de restituer ce qui ne lui appartenait pas ». Le dogme chrétien de l'état de nature et de l'inégalité dérivée du péché était pour tout le monde une sorte d'axiome au moment où Rousseau, Morelly et Mably commençaient à écrire. De leur côté les philosophes ou les économistes n'avaient aucune raison de se prononcer contre ce mouvement d'émancipation. Ils y voyaient au contraire la suite logique de leurs théories sur la liberté et la dignité de la personne humaine.

Les légistes, fermes appuis de la royauté, ne trouvaient rien à répondre à une demande en révision du régime de propriété. D'après le droit du moyen âge n'était-ce pas le roi qui, en qualité de souverain fieffeux, avait en définitive la suprême propriété de toutes les terres du royaume. « Tout ce peuple est à vous, disait Villeroi au jeune Louis XV. » Telle était bien la théorie, personnes et biens étaient la propriété person-

---

(1) Massillon cité par A. Espinas. *loc. cit.*, p. 86.

nelle du roi. Il pouvait en user quand et comme bon lui semblait. Dès lors s'il pensait qu'il y eût quelques réformes à accomplir, s'il jugeait utile même de bouleverser complètement l'ordre social établi, quel pouvoir, quelle force aurait bien pu l'empêcher de réaliser ses desseins ? Dans cette théorie, très en vogue au xviiie siècle, le roi, c'est-à dire l'Etat, est le souverain maître du royaume.

Pour d'autres philosophes, qui se souvenaient davantage et se rapprochaient des théologiens, la propriété résultait d'une corruption de la personne humaine et c'étaient la malice et la perversion des hommes qui avaient créé la propriété. Si ce droit apparaissait comme une création de la société, celle-ci pouvait à son gré modifier le contrat social dans le sens qu'elle croirait le plus juste et le plus raisonnable.

Dans cette théorie comme dans la précédente l'axiome : « *Salus populi suprema lex esto* » devait recevoir sa pleine et entière exécution. Le mal existait ; il fallait y porter remède ; l'assiette de la propriété devait être modifiée. Rien en théorie n'empêchait ce droit d'évoluer, le tout était de savoir quel système adopter, quelles modifications apporter. C'est là que la diversité des esprits se faisait jour. Chacun apportait son remède, panacée infaillible, qui ferait revivre l'âge d'or parmi les humains.

CHAPITRE DEUXIÈME

Le socialisme avant 1750. — Romanciers et géographes.

Le portrait de la condition misérable des paysans tracé par La Bruyère hante tous les esprits et chacun veut s'efforcer d'apporter son remède aux maux de la classe agricole. Il eût été imprudent toutefois, sous le règne du Grand Roi, de fronder trop ouvertement les opinions reçues. Chacun connaît la mésaventure de Vauban et aussi celle, probable, de Racine. L'éminent archevêque de Cambrai lui-même pour s'être exprimé trop librement fut exilé dans son archevêché.

Mais un voyageur a le droit de raconter ses souvenirs, un historien celui de décrire les peuples qu'il étudie. Ce fut ainsi sous la forme de romans, plus ou moins historiques, que les réformateurs s'efforcèrent de faire entendre aux dirigeants leurs conseils sur les mesures propres à assurer le bien-être à tous. En faisant dans leurs ouvrages le tableau de sociétés parfaitement heureuses, parce que bien constituées, ne faisaient-ils pas, du même coup, la critique de leur société où régnaient, avec l'inégalité des conditions, la misère et l'infortune.

De tous temps philosophes et moralistes se sont plu à dire des vérités à leurs contemporains sous forme de fiction. Les écrivains du XVIIIe siècle n'y ont pas manqué. Sans doute certains de ces ouvrages peuvent appartenir par la date au XVIIe siècle, il n'en est pas moins vrai que les causes qui les inspirent et les idées qu'ils renferment les rangent parmi le XVIIIe siècle. Leurs auteurs servent ainsi de précurseurs directs aux grands socialistes du siècle Morelly, Rousseau et Mably.

L'*Histoire des Sévarambes*, dont l'auteur est probablement Vairasse d'Alais, contient déjà sur la société de l'époque des critiques assez vives. Suivant une fiction adoptée par Morus et par Swift, un navigateur hollandais naufragé aborde sur les côtes d'une île inconnue. Recueilli par les indigènes, il profite de l'hospitalité qu'il y reçoit pour étudier la société des Sévarambes dont il nous trace un tableau enchanteur. « Comme les malheurs de la société dérivent principalement de l'orgueil, de l'avarice et de l'oisiveté », le roi Sévarias a supprimé la noblesse et « comme les richesses et la propriété des biens font une grande différence dans la société civile et que de là viennent l'avarice, l'envie, les extorsions et une infinité de maux, il abolit cette propriété des biens, en priva les particuliers et voulut que toutes les terres et les richesses de la nature appartinssent à l'Etat pour en disposer absolument sans que les sujets en pussent rien tirer que ce qu'il plaisait au magistrat de leur donner (1) ». D'après l'auteur tous les Sévarambes sont riches et heureux, n'ayant aucun bien en leur possession propre. Chaque citoyen doit contribuer par son travail au bien-être général : « Sévarias a partagé le jour entre trois parties égales, et il destina la première de ces parties au travail, la seconde au plaisir et la troisième au repos (2). » Ce sont donc les fameux « trois-huit » avant la lettre et la Confédération Générale du Travail.

L'auteur entre dans quelques détails de l'organisation de cette société communiste, mais il se borne à exposer et se garde de toute discussion. « En somme, dit-il en manière de conclusion, si l'on considère le bonheur de ce peuple, on trouvera qu'il est aussi parfait qu'il puisse être en ce monde et que toutes les autres nations sont très malheureuses auprès de celle-là (3). » L'*Histoire des Sévarambes* fut le point de départ d'une foule de romans historiques, où chacun s'efforçait, en présentant un modèle de société idéale, d'apporter remède aux maux de la société présente. Citons seulement l'*Histoire de l'île de Caléjava ou de l'île des hommes*

(1) *Histoire des Sévarambes*, t. I, p. 277.
(2) *Histoire des Sévarambes*, t. I, p. 278.
(3) *Histoire des Sévarambes*, t. I, p. 320.

raisonnables avec le parallèle de leur morale et du Christianisme. L'auteur est également partisan de la communauté des biens. « Dieu, dit-il, aimant également tous les hommes a voulu faire un partage égal de tous les biens (1). » Pour lui l'idéal serait de revenir à la communauté de vie des premiers chrétiens.

Le célèbre archevêque de Cambrai, le doux Fénelon, avait été ému lui aussi de la situation misérable du peuple à la fin du xvii⁰ siècle. Chargé de l'instruction du duc de Bourgogne, l'héritier de Louis XIV, il voulut mettre en garde son élève contre les préjugés et lui tracer par avance un programme complet de gouvernement. Ce désir de Fénelon donna naissance aux *Aventures de Télémaque.*

Dans un cadre historique ancien l'auteur fait évoluer et agir des hommes bien modernes. Le jeune Télémaque, dans ce voyage à travers la Grèce sous la conduite du fidèle Mentor, voit défiler sous ses yeux une foule de peuples jouissant de civilisations bien différentes. Quelques-uns sont relativement heureux, la plupart sont misérables. Mais la cité idéalement heureuse est l'agréable Salente réformée par Mentor. Grâce à ce sage, la ville d'Idoménée se relève de ses ruines et prend un essor tout nouveau. La prévoyance de l'habile conseiller va tout régler et ne rien laisser au hasard. L'État tout puissant aura à intervenir à tous moments afin de veiller au bonheur de tous ses administrés :

____

(1) C. GILBERT, *Histoire de l'île de Caléjava,* p. 160.

« Pour tenir votre peuple dans cette modération, dit Mentor à Idoménée, il faut régler dès maintenant l'étendue de terre que chaque famille pourra posséder. Vous savez que nous avons divisé votre peuple en sept classes, suivant les différentes conditions : il ne faut permettre à chaque famille, dans chaque classe, de ne pouvoir posséder que l'étendue de terre absolument nécessaire pour nourrir le nombre de personnes dont elle sera composée. Cette règle étant inviolable, les nobles ne pourront faire d'acquisition sur les pauvres ; tous auront des terres mais chacun en aura fort peu et sera excité par là à les bien cultiver (1). »

Le succès du Télémaque parut pour les auteurs indiquer une mine précieuse de sujets à exploiter ; beaucoup de romans historiques parurent à la suite de celui de Fénelon : *Relation historique et morale du prince Montbérand dans l'île de Naudely; Voyage de Cyrus, Séthos*, etc. Dans tous ces ouvrages on trouve avec plus ou moins de bonheur et d'originalité la critique de la société moderne. Mais à côté de quelques détails intéressants, beaucoup se perdent dans des dissertations philosophiques et des descriptions qui peuvent ne pas être sans charme, mais qui sont complètement sans intérêt pour le sujet qui nous occupe.

Certains écrivains cependant font une critique acerbe de l'inégalité des conditions. Ils font plutôt penser au curé Meslier ou aux plus fou-

_____

(1) Fénelon, t. VI, p. 451.

gueux orateurs de la Révolution qu'aux aimables romanciers dont nous venons de citer les noms. L'un d'eux, l'abbé Coyer, adresse dans l'*Astrologue du jour* une vigoureuse apostrophe contre l'inégalité. « La nature avait créé les hommes égaux et innocents. Mais la corruption des mœurs prévalut bientôt sur l'innocence primitive. Le plus corrompu s'est saisi de l'héritage du plus faible et l'a rendu son tributaire. De là l'inégalité actuelle des conditions. On la proclame nécessaire à la subordination et à la société, mais elle est de création humaine. Où l'homme a-t-il donc trouvé qu'un autre homme comme lui, libre comme lui, né égal à lui, devait cependant être son esclave ? Où a-t-il pris qu'il doit avoir tous les jours sur sa table vingt mets plus exquis les uns que les autres, tandis qu'un autre n'a pas un morceau de pain ? Pourquoi faut-il que sa garde-robe soit pleine d'habits alors qu'un autre est nu ? Et qu'a donc fait enfin ce misérable qui n'a ni feu ni lieu sur la terre, plus que celui-ci qui dort sous les lambris dorés ? C'est le sort, dit-on, c'est le hasard qui décide de tout et il faut nécessairement qu'il y ait des riches et des pauvres ; faux préjugés qu'un bon naturaliste n'admet point et que la raison détruit. C'est la même constitution de corps et d'esprit pour tous les hommes en général : donc l'un est né pour pouvoir faire ce que l'autre fait. Tel fait labourer son champ par un autre qui pourrait le labourer lui-même (1). »

(1) Abbé Coyer, *Bagatelles morales*, p. 6.

Parmi les précurseurs du socialisme au XVIIIe siècle il nous faut citer encore Nicolas Gueudeville. Cet écrivain émit le premier dans ses ouvrages plusieurs théories qui devaient faire le succès de J.-J. Rousseau. Dans ses *Dialogues ou entretiens entre un sauvage et le baron de la Hontan*, Gueudeville vante déjà le bon sauvage « n'ayant ni tien ni mien, ni supériorité ni subordination et vivant dans une espèce d'égalité conforme aux sentiments de la nature (1) ». Gueudeville publia aussi une traduction, le mot adaptation ou paraphrase serait plus juste, de la célèbre *Utopie* de Thomas Morus. Gueudeville ne se contente pas d'une traduction littérale, il ne craint pas d'embellir le texte original, d'appuyer sur certains passages en précisant la pensée de Morus, en l'exagérant le plus souvent.

Gueudeville fut le premier qui, des récits des voyageurs, voulut tirer des préceptes moraux pour la conduite de la société. Après lui nous voyons s'introduire parmi les géographes des préoccupations sociales.

Tout en étudiant les mœurs des peuples (réels ceux-là) qu'ils ont visités, chacun s'efforça d'en tirer des exemples et des modèles à suivre. Nombreux sont les géographes qui suivent les traces de Gueudeville. Pour ceux-là le bon sauvage va devenir l'idéal. Partout où la civilisation ne va pas avoir pénétré nous allons rencontrer des peuples heureux, vivant en bonne intelligence

(1) GUEUDEVILLE, *Dialogues ou entretiens*, t. II, p. 116.

les uns avec les autres, réalisant l'âge d'or parfait sur la terre. Parmi les écrivains qui se firent les propagateurs de cette idée et les défenseurs des sauvages aux yeux des gens de la vieille Europe, soi-disant civilisés, il faut placer au premier rang les missionnaires. Ceux-ci commençaient à se répandre dans toutes les contrées pour arracher les infidèles à leurs superstitions. Les lettres et les écrits de ces apôtres sont pleins de détails véritablement édifiants sur la vie de ces pauvres sauvages. « S'ils ne sont pas sans défauts, ils ont l'esprit bon, l'imagination vive, la conception aisée, la mémoire admirable. Tous ont au moins les traces d'une religion ancienne et héréditaire ; tous ont un gouvernement : ils pensent juste sur leurs affaires et mieux que le peuple parmi nous (1). » — « Au milieu de leurs défauts, leur rusticité et la disette où ils sont de toutes choses leur donnent sur nous cet avantage qu'ils ignorent tous les raffinements du vice, qu'ont introduits le luxe et l'abondance (2). » — « On a assigné à chaque famille la portion de terre qui lui est nécessaire pour sa subsistance et celui qui en est le chef est obligé de faire cultiver ces terres pour bannir de sa maison la misère et la pauvreté (3). »

En présence de ce tableau enchanteur les Pères Jésuites allèrent plus loin encore. Frappés

---

(1) P. Lafitau, *Mœurs des sauvages américains comparées aux mœurs des premiers temps*, t. I, p. 105.
(2) P. Lafitau, *id.*, t. I, p. 106.
(3) *Lettres édifiantes des Jésuites*, t. II, p. 85.

des excellentes dispositions de leurs néophytes, hypnotisés par le souvenir des premières communautés chrétiennes, ils voulurent faire revivre chez ces sauvages, que notre civilisation n'avait pas encore corrompus, le bonheur qui régnait parmi les premiers disciples du Christ. Le Paraguay vit cet essai de constitution de société communiste (1). Tous les philosophes allaient se servir dans la suite de cet exemple, pour faire le procès de la civilisation et prêcher le retour à l'état de nature, seul susceptible de procurer le bonheur à la pauvre humanité.

Le père Labbé nous donne la description « de la florissante mission du Paraguay où l'on voit se retracer l'innocence et la piété des premiers fidèles (2) ». Sous la direction des Pères Jésuites les Indiens sont distribués en quarante bourgades dont les plus nombreuses ont une vingtaine de mille habitants, ils élisent tous les ans le chef et le juge de la bourgade. « L'intérêt et la cupidité, cette source de tant de vices, sont entièrement bannies de cette terre de bénédiction ; les fruits de la terre, que l'on recueille chaque année, sont mis en dépôt dans des magasins publics dont la distribution se fait à chaque famille à proportion des personnes qui la composent. La simplicité et la candeur de ces bons Indiens est admirable (3). » — « Je ne sache pas, écrit un autre père, qu'il y ait dans le monde

(1) A. ·RASTOUL, *Une organisation socialiste. Les Jésuites au Paraguay*, chez Bloud, Col. *Science et Religion*, n° 420.
(2) *Lettres édifiantes*, t. II, p. 93.
(3) *Lettres édifiantes*, t. II, p. 93.

chrétien de mission plus sainte. La modestie, la douceur, la foi, le désintéressement, l'union et la charité qui régnent parmi ces nouveaux fidèles, me rappelaient sans cesse le souvenir de ces heureux temps de l'Eglise où les chrétiens, détachés des choses de la terre, n'avaient qu'un cœur et qu'une âme et rendaient, par l'innocence de leurs mœurs, la religion qu'ils professaient respectable même aux gentils (1). »

On conçoit qu'en face d'un tableau si enchanteur Rousseau et ses disciples se soient montrés si enthousiastes de l'état de nature et aient attaqué avec tant de véhémence la civilisation, ce monstre odieux, d'où venait tout le mal : qu'il suffisait de bannir pour revenir aux jours bienheureux de l'âge d'or.

(1) *Lettres édifiantes*, t. II, p. 98.

CHAPITRE TROISIÈME

Le socialisme avant 1750.
Les Théoriciens.

Tous les penseurs que nous avons étudiés jusqu'ici paraissent plus préoccupés de tracer les modèles d'une société parfaite que de critiquer celle qui existait. Toutes ces Salentes, toutes ces cités issues du cerveau des romanciers ou des géographes pouvaient être considérées par beaucoup d'esprits comme chimériques et à bon droit irréalisables. Ces hommes étaient assurément désireux du bien de leurs semblables, mais leurs constructions étaient bâties en l'air et tout à fait antiscientifiques. Maintenant que le chemin était un peu déblayé, à présent que les esprits étaient familiarisés avec ces conceptions sociologiques, il fallait aborder de front le problème et instruire d'une façon rationnelle et coordonnée le procès du régime social en vigueur. Au nom de principes déduits avec logique par la réflexion et le raisonnement on demandera la réforme d'une société qui ne peut assurer à tous ses membres un bonheur auquel ils ont droit.

Tous ces théoriciens, plus ou moins socialistes, que domine le nom de Rousseau, eurent des devanciers, chez lesquels on trouve bon nombre d'idées, qu'ils ne firent plus tard qu'unifier en un système cohérent.

C'est ainsi par exemple que beaucoup dans la suite reprirent les théories anticléricales de Meslier. Le curé d'Etrépigny laissa à ses paroissiens un *Testament*, destiné à une célébrité fameuse. Le ton est agressif ; on sent quelqu'un qui a souffert et qui, contraint au silence pendant sa vie, veut au moins se dédommager en dévoilant après sa mort tout ce qu'il a subi. Il en appelle, en quelque sorte, à la postérité, de toutes les injustices commises envers lui. On rencontre dans son *Testament* la véhémence de ton et la rudesse de langage que l'on retrouvera plus tard dans les pamphlets révolutionnaires. Meslier se montre antireligieux, et ce n'est pas seulement le catholicisme qu'il attaque, mais toute religion, à ses yeux, doit être bannie de la terre où elle ne peut engendrer que misère et infortune. La société d'ailleurs n'est pas beaucoup mieux traitée. Meslier y voit également une grande propagatrice de maux de toutes sortes.

« Grâce à nos absurdes institutions on rencontre partout une foule d'oisifs et d'inutiles, une quantité de riches fainéants qui, sous prétexte qu'ils ont abondamment ou suffisamment de quoi vivre, de ce qu'ils appellent leurs rentes et leurs revenus annuels, ne s'occupent d'aucun travail, ni d'aucun négoce, mais vivent dans une continuelle oisiveté (1). »

Aussi bien si l'on n'avait pas admis cet exécrable droit de propriété, tous seraient heureux. Aucun ne pourrait se prévaloir de sa fortune pour s'exempter du travail et en laisser retomber tout le poids avec la fatigue sur les plus pauvres. Ceux-ci ont au moins autant de droits que tous les riches à se reposer. « Un autre abus, et qui est presque universellement reçu et autorisé dans le monde, est l'appropriation particulière que les hommes se font des biens et des richesses de la terre ; au lieu qu'ils devaient tous également les posséder en commun, pour en jouir également tous en commun (2). »

« Vous étonnez-vous, pauvres peuples, que vous ayez tant de mal et tant de peine dans la vie ?... C'est que vous êtes chargés, vous et vos semblables, de tout le fardeau de l'Etat ; vous êtes chargés non seulement de tout le fardeau de vos rois et de vos princes qui sont vos premiers tyrans, mais vous êtes encore chargés de toute la noblesse, de tout le clergé, de toute la moinerie, de tous les gens de justice, de tous les gens de guerre, de tous les maltotiers, de tous les gardes de sel et de tabac et enfin de tout ce qu'il y a de gens fainéants et inutiles dans le monde (3). »

(1) MESLIER, *Testament.* t. II, p. 180.
(2) *Testament*, t. II, p. 210.
(3) *Testament*, t. II, p. 222.

Voilà un réquisitoire qui sent joliment la poudre et les orateurs des clubs révolutionnaires n'auront pas de peine à soulever les auditoires populaires, il leur suffira de démarquer le curé Meslier. Celui-ci attaque la royauté avec une vigueur incroyable, il appelle les régicides pour venger le peuple des exactions dont il a eu à souffrir de la part des rois et en particulier de Louis XIV, le grand coupable et le plus monstrueux de tous. Assez longtemps les hommes ont eu la sottise de se laisser mener. Maintenant qu'ils sont avertis, « je leur reprocherais leur lâcheté de laisser vivre si longtemps les tyrans et de ne point secouer entièrement le joug odieux de leur tyrannique gouvernement. Où sont les Jacques Clément et les Ravaillac de notre France ! Que ne vivent-ils encore de nos jours pour assommer ou pour poignarder tous ces détestables monstres et ennemis du genre humain, et pour délivrer par ce moyen les peuples de la tyrannie ! Tâchez, peuples, de vous unir tant que vous êtes, vous et vos semblables, pour secouer entièrement le joug de la tyrannique domination de vos princes et de vos rois ; renversez partout ces trônes d'iniquité et d'injustice (1) ».

Le grave président de Montesquieu n'a pas sur la société et le gouvernement des idées aussi subversives que le curé d'Etrépigny. Ses théories, cependant, présentées avec plus de modération et peut-être aussi de logique, n'en

______

(1) *Testament*, t. III, p. 373.

eurent que plus de force. Beaucoup de ces critiques eurent en effet une brillante fortune et son *Esprit des Lois* fut pour nombre de constituants et de conventionnels le bréviaire où ils vinrent chercher des règles destinées à assurer un bon gouvernement à la France. Dans les *Lettres Persanes*, péché de jeunesse du premier président du Parlement de Bordeaux, nous trouvons déjà quelques traits décochés à la société de son temps. A des traits d'esprit, à des bons mots, à des peintures licencieuses, à des sarcasmes irréligieux, les *Lettres Persanes* (d'ailleurs publiées sous le couvert de l'anonymat) joignaient, sous une forme légère et rapide, des aperçus fins et profonds sur la politique, de vives protestations contre les vices de l'organisation sociale en France, d'amères réflexions sur les misères de la nation, ruinée par la gloire du règne précédent et par les spéculations frauduleuses du règne nouveau. Montesquieu voulut après tant d'autres présenter le tableau d'une société idéale. C'est la fameuse nation des Troglodytes, si heureux dans leur communisme. L'auteur nous trace un tableau enchanteur de ce pays « où la cupidité était étrangère. Ils se faisaient des présents où celui qui donnait croyait toujours avoir l'avantage. Le peuple Troglodyte se regardait comme une seule famille. Les troupeaux étaient presque toujours confondus et la seule peine qu'on s'y épargnait ordinairement; c'était de les partager (1). »

(1) MONTESQUIEU, *Lettres Persanes*. Let. 12.

C'est aussi dans l'*Esprit des Lois* que Montesquieu nous expose et nous laisse deviner sa pensée sur les règles d'un bon gouvernement ; chemin faisant il ne craint pas de mêler à son exposition des critiques acerbes contre la constitution actuelle de la société. Il paraît priser de préférence un juste milieu qui tienne une égale balance entre toutes les classes de la nation. « Il faut que les lois, divisant les fortunes à mesure que le commerce les grossit, mettent chaque citoyen pauvre dans une assez grande aisance pour pouvoir travailler comme les autres, et chaque citoyen riche dans une telle médiocrité qu'il ait besoin de son travail pour conserver ou acquérir (1). » C'est donc l' « *aurea mediocritas* » du poète qui paraît être pour Montesquieu l'idéal d'une démocratie bien organisée.

Où l'on peut surprendre surtout les idées quelque peu révolutionnaires de Montesquieu, c'est dans sa théorie de la propriété et de la légitimité de l'intervention de l'Etat. Pour lui la société, qui a créé la propriété, peut et doit intervenir pour régler la jouissance de ce droit et empêcher qu'il ne devienne un instrument de mort aux mains de certains ambitieux. De là cette limitation des fortunes, de là aussi le droit qu'il reconnaît à l'Etat d'intervenir dans les héritages. « La loi naturelle ordonne aux pères de nourrir leurs enfants, mais elle ne l'oblige pas de les faire héritiers. Le partage des biens, les lois

____

(1) MONTESQUIEU, *Esprit des Lois*, liv. XVII, ch. v.

sur ce partage, les successions après la mort de celui qui a eu ce partage, tout cela ne peut avoir été réglé que par la société et par conséquent par des lois politiques ou civiles (1). »

Le « *secrétaire de la République de Platon* », comme l'appelait le duc de Richelieu, le marquis d'Argenson se montre dans ses *Mémoires* beaucoup plus hardi que l'auteur de l'*Esprit des Lois*. Pour lui, la France va mal, la misère est partout, l'infortune est générale dans toutes les provinces. « Je me trouve présentement en Touraine dans mes terres ; je n'y vois qu'une misère effroyable ; ce n'est plus le sentiment triste de la misère, c'est le désespoir qui possède les pauvres habitants ; ils ne souhaitent que la mort et évitent de peupler (2). » « La mauvaise issue de notre gouvernement monarchique absolu achève de persuader en France et par toute l'Europe que c'est la plus mauvaise des formes de gouvernement. Je n'entends que philosophes dire, comme persuadés, que l'anarchie même lui serait préférable (3). »

Pour d'Argenson comme pour la plupart des auteurs du XVIIIe siècle, l'Etat est tout-puissant : « La loi du roi et de la nation est tout entière renfermée dans ces cinq mots latins : *Salus populi suprema lex esto* (4). » Il faut, et c'est la

---

(1) MONTESQUIEU, *Esprit des Lois*, liv. XVI, ch. VI.

(2) D'ARGENSON, *Mémoires*, t. VI, p. 49.

(3) D'ARGENSON, t. VII, p. 291.

(4) *Considérations*, p. 195.

principale des réformes à opérer, il faut établir l'égalité des biens. « C'est l'inégalité des richesses qui, augmentant chaque jour par la misère, constitue la pauvreté universelle, met la famine à la place de l'abondance ; car personne ne peut plus travailler ; tout ce peuple malheureux devient esclave et est dans la servitude de quelques richards (1). »

D'Argenson attaque violemment le gros commerce. Celui-ci ruine et rend impossible tout commerce moyen, seule richesse cependant d'un Etat bien constitué.

« Dès qu'un homme fait plus de commerce que son temps et son industrie ne lui permettent, son travail ne tourne plus qu'à une usure excessive. J'en conclus que les gros commerçants nuisent tandis qu'une grande quantité de petits commerçants égaux et aisés font fleurir l'Etat... Pourquoi entreprendre l'ouvrage de cent autres pour les faire travailler comme des subordonnés... La question se réduit à savoir si le bien d'un étang demande qu'il y ait de gros brochets qui jouissent de la perte de tous les petits et médiocres poissons (2). »

C'est donc cette inégalité de fortune qui est la cause initiale de toutes les misères qui rongent le peuple de France. Comment y remédier ? Il faut pour cela, dit d'Argenson, se rapprocher le plus possible de la communauté des biens ; et il célèbre les pays où ces lois communistes ont

_____

(1) *Mémoires*, t. VII, p. 89.
(2) *Mémoires*, t. V, p. 182.

été appliquées. Le Paraguay, en particulier, excite son admiration : « Il existe dans le Nouveau Monde un pays dont le gouvernement pourrait servir de modèle à ceux de l'Europe, si le monde était encore dans l'état d'innocence et tel qu'il est sorti des mains de son Créateur, peuplé d'hommes doux et simples (1). »

« Les Jésuites ont fait mettre aux Paraguayens tous leurs biens et toutes leurs denrées en commun ; le résultat de cet arrangement est que personne ne manquera de rien, et que chacun sait qu'il est obligé au bien général suivant ses forces (2). » Sans vouloir demander un communisme aussi rigoureux « il faudrait que les terres ne fussent possédées que par ceux qui les cultivent. Ceux-ci ne devraient avoir à cultiver que ce que comporte l'étendue de leurs soins (3). »

Dans cette première moitié du xviiiᵉ siècle les socialistes nous apparaissent plus comme des spéculatifs que comme des hommes d'action. Seul le curé Meslier conçoit le socialisme comme une doctrine qui doit pousser à agir. « Montesquieu et d'Argenson, tout en lui fournissant des arguments et en admettant ses principes, ne sont pas des révolutionnaires. Ils servent de transition aux nombreux penseurs de la seconde moitié du siècle. Si nous ne rencontrons pas

----

(1) *Considérations*, p. 113.

(2) *Mémoires*, t. V, p. 313.

(3) *Considérations*, p. 109.

chez eux d'attaques aussi violentes que celles du curé Meslier, nombreux en revanche sont ceux qui ont vivement attaqué la société et la propriété ; en tête est celui dont l'œuvre paraissait à d'Argenson supérieure à l'*Esprit des Lois,* l'auteur du *Code de la Nature* (1). »

(1) A. LICHTENBERGER, *oc. cit.,* p. 103.

CHAPITRE QUATRIÈME

Morelly — La Basiliade.
Le Code de la Nature.

« Excellent livre, le livre des livres, autant au-dessus de l'*Esprit des Lois*, du président de Montesquieu, que La Bruyère est au-dessus de l'abbé Trublet (1). » C'est en ces termes flatteurs que le marquis d'Argenson célébrait l'ouvrage de Morelly : *Le Code de la nature*.

Morelly avait déjà fait paraître en 1753 un roman sociologique, qui rappelait ceux que nous avons étudiés. C'était *la Basiliade ou le Naufrage des îles flottantes*. Cet ouvrage : « Poème aussi nouveau par son sujet que par sa construction dans lequel la vérité est revêtue de toutes les grâces de l'épopée » (2) avait, malgré ces louanges dithyrambiques de l'auteur, soulevé d'ardentes polémiques. Pour défendre

(1) D'ARGENSON, *Mémoires*. t V, p. 137.
(2) MORELLY, *Basiliade*, Introduction.

son roman, Morelly entreprit la rédaction d'un
autre ouvrage de plus longue haleine, dans
lequel il se proposait d'exposer d'une façon
méthodique les doctrines éparses dans *la Basiliade* : ce fut le *Code de la Nature*.

Cet écrit est le premier dans lequel nous trouvions un système coordonné de gouvernement.
C'est le premier réquisitoire socialiste contre la
société. C'est là où nous trouvons, pour la première fois condensées, toutes les critiques que
d'autres reprendront par la suite pour les préciser mais qu'ils auront puisées dans l'œuvre de
Morelly. Il pose dès le commencement le principe de toute sa théorie. Tous les moralistes se
sont jusqu'à présent mépris sur la nature de
l'homme et cette méprise initiale a été la cause
de toutes les erreurs dans lesquelles ils sont
tombés ; elle a été aussi la source de tous les
maux que les plus beaux systèmes de morale
n'ont pu extirper de la terre. « Ecoutez-les tous !
Ils vous poseront pour principe incontestable
et pour base de tous leurs systèmes cette importante proposition. L'homme naît vicieux et méchant. Non, disent quelques-uns, mais la situation où il se trouve dans cette vie, la constitution
même de son être, l'exposent inévitablement à
devenir pervers. Tous prenant ceci à la rigueur,
aucun ne s'est imaginé qu'on pouvait proposer
et résoudre cet excellent problème : trouver une
situation dans laquelle il soit presqu'impossible que l'homme soit dépravé et méchant (1). »

(1) Morelly, *Code de la nature*, p. 3.

Pourquoi faut-il qu'on ait ainsi négligé d'approfondir la nature de l'homme. On a admis *à priori* que l'homme était méchant et l'on n'a pas soupçonné que, peut-être, c'étaient les prescriptions de ces morales antihumaines, toutes ces lois antinaturelles qui avaient exaspéré l'homme et changé en vices les bons penchants qu'il tenait de la nature. « Beaucoup de ces volumineux traités de morale et de politique sous le titre de remèdes recèlent des poisons. Ils pourraient s'appeler les uns : Art de rendre les hommes méchants et pervers sous les plus spécieux prétextes et à l'aide même des plus beaux préceptes de moralité et de vertu ; les autres : Moyens de policer les hommes par les règlements et les lois les plus propres à les rendre féroces et barbares (1). »

La conclusion qui s'impose au dire de Morelly c'est donc de revenir à cet état de nature qui assurera à tous, par le libre développement des vertus innées, le bonheur et la prospérité. Le remède est facile. Un seul vice, d'après Morelly, est la cause de tous ces malheurs, un seul, car tous les autres dérivent de lui et n'en sont que la conséquence. C'est à travailler à le supprimer que doivent tendre tous les efforts des moralistes et des philosophes. Quel est donc ce fléau, corrupteur général de l'humanité ? On l'a déjà deviné : c'est la *propriété*. « Le seul vice que je connaisse dans l'univers, c'est l'avarice ; tous les

____

(1) MORELLY, *Code de la nature*, p. 52.

autres, quelques noms qu'on leur donne, ne sont que des tons, des degrés de celui-ci ; c'est le Protée, le Mercure, la base, le véhicule de tous les vices. Analysez la vanité, la fatuité, l'orgueil, l'ambition, la fourberie, l'hypocrisie, le scélératisme, décomposez de même la plupart de nos vertus sophistiquées, tout cela se résout en ce futile et pernicieux élément : le désir d'avoir. Or cette peste universelle, l'intérêt particulier, cette fièvre lente, cette étésie de toute société aurait-elle pu prendre où elle n'eût jamais trouvé non seulement d'aliment mais le moindre ferment dangereux ? Je crois qu'on ne contestera pas l'évidence de cette proposition : que là où il n'existerait aucune propriété, il ne pourrait exister aucune de ses pernicieuses conséquences (1). »

En effet, la propriété n'existant pas, tous les biens étant communs, eut-on jamais craint de manquer des choses nécessaires à la vie. L'envie, la jalousie et tous les crimes qu'elles suggèrent, n'auraient pu désoler la pauvre humanité. « Toute idée de propriété sagement écartée, toute rivalité prévenue ou bannie par l'usage des biens en commun, comment aurait-il été possible que l'homme eût jamais pensé à ravir ou par force ou par ruse ce qui ne lui eût jamais été disputé (2). » Sans cette maudite propriété toute la terre connaîtrait les bienfaits d'un gouvernement heureux. Zeinzenim, dans son île, com-

(1) MORELLY, *Code de la nature*, p. 30.
(2) MORELLY, *Code de la Nature*, p. 57.

mandait à des hommes heureux et contents car « l'impitoyable propriété, mère de tous les crimes qui inondent le reste du monde, leur était inconnue ; ils regardaient la terre comme une nourricière commune qui présente indistinctement le sein à celui de ses enfants qui se sent pressé par la faim (1) ». Dans un autre passage de la Basiliade, Morelly revient sur cette idée : « La propriété, dit Abel au prince qu'il est chargé d'instruire et de mettre en garde contre les sophismes de la Ruse, la propriété est la mère de tous les crimes, enfants du désespoir et d'une indigence furieuse (2). » — « La propriété individuelle oublie en effet cette grande loi de l'univers qui est que rien n'est à l'homme en particulier, que ce qu'exigent ses besoins actuels, ce qui lui suffit chaque jour pour le soutien ou les agréments de sa durée ; le champ n'est pas à celui qui le laboure, ni l'arbre à celui qui y cueille les fruits ; il ne lui appartient même des productions de sa propre industrie que la portion dont il use ; le reste, ainsi que sa personne, est à l'humanité entière (3). »

Voilà donc le bouc émissaire de tous les crimes et de tous les maux dont souffre l'humanité ! Voilà la plaie qui ronge les hommes et dont il faut à tout prix les débarrasser si l'on veut mettre fin à leur infortune et assurer le

(1) *Basiliade*, t. I, p. 5.

(2) *Basiliade*, t. I, p. 201.

(3) *Basiliade*, t. I, p. 206

bonheur général à la terre entière. Supprimée la propriété ! supprimés aussi tous les malheurs ! La nature saura maintenir tous les hommes dans le droit chemin d'une vie honnête et heureuse. Ces peuples, que des moralistes malfaisants n'ont pas corrompus par les prescriptions minutieuses et égoïstes de nos lois, en sont de convaincants exemples. N'a-t-on pas trouvé en effet chez les sauvages d'Amérique des peuples, vivant dans la félicité, sans cependant s'embarrasser de tous les préceptes que les préjugés et les vices ont répandus en Europe ? Au lieu de leur apprendre à partager leurs terres, le législateur leur fera connaître les arts et l'industrie, et dès lors en possession de notre civilisation sans en avoir aucun des vices ces peuples arriveront vite au bonheur et au bien-être.

Il faut donc se placer dans l'hypothèse des hommes tels qu'ils seraient dans l'état de nature et non pas, dans les lois, les supposer pervers et méchants. Morelly revient encore une fois sur ce mal terrible de la propriété : « Vous n'avez pas coupé racine à la propriété, vous n'avez rien fait ! Otez la propriété, l'aveugle et impitoyable intérêt qui l'accompagne, faites tomber tous les préjugés, les erreurs qui les soutiennent, il n'y a plus de résistance défensive ou offensive chez les hommes, il n'y a plus de passions furieuses, plus d'actions féroces, plus de notions, plus d'idées de mal moral (1). »

_____

(1) *Code de la Nature,* p. 132.

Telle est la thèse négative de Morelly. Il faut abattre la propriété, cause de tous les crimes. C'est elle qui a perverti l'homme ; sans elle tous les bons penchants se seraient développés. La première règle à observer dans une constitution est de veiller que cet état de nature ne puisse être corrompu. Aussi dans la quatrième et dernière partie de son ouvrage : *Modèle de législation conforme aux intentions de la nature,* Morelly commence par déclarer une guerre implacable à la propriété qu'il bannit de la république. Les lois de la cité idéale d'après Morelly se répartissent en plusieurs titres : voici les principales et les plus caractéristiques.

1° Lois fondamentales et sacrées qui couperaient racine aux vices et à tous les maux d'une société :

α) Rien dans la société n'appartiendra singulièrement ni en propriété à personne, que les choses dont il fera un usage actuel soit pour ses besoins, ses plaisirs ou son travail journalier.

β) Tout citoyen sera homme public, sustenté, entretenu et occupé aux dépens du public.

γ) Tout citoyen contribuera pour sa part à l'utilité publique selon ses forces, ses talents et son âge, c'est sur cela que seront réglés ses devoirs conformément aux lois distributives (1).

2° Lois distributives ou économiques. D'après ces lois la nation est divisée en familles, tribus, cités et provinces. Le communisme doit régner et seules les denrées périssables seront laissées

____

(1) *Code de la Nature,* p. 190.

à ceux qui les ont produites pour qu'ils les apportent sur les marchés. « Toutes les productions durables seront amassées dans des magasins publics pour être distribuées les unes journellement ou à des temps marqués à tous les citoyens, pour servir aux besoins ordinaires de la vie et de matière aux ouvrages des différentes professions ; les autres seront fournies aux personnes qui en usent (1). »

Morelly donne ensuite des modèles de lois édiles, de lois de police, etc. Le gouvernement de cette société communiste telle que la conçoit l'auteur repose sur un système rotatif qui investit chacun à son tour des fonctions de commandement. Les cités, provinces, Etat, auront à leur tête des sénats choisis les premiers parmi les chefs de famille : les autres seront une émanation des premiers par une sélection faite dans les sénats municipaux pour le sénat provincial, et dans les sénats provinciaux pour le sénat national. Les fonctions seront viagères. Le pouvoir de ces sénats est d'ailleurs borné à la confection des règlements administratifs relatifs à l'exécution des lois.

On trouve ensuite des lois sur le mariage obligatoire à partir de l'âge nubile, puis des lois sur l'éducation (allaitement obligatoire, éducation donnée par l'Etat sous le contrôle alternatif des pères et mères de famille) ; enfin, des lois pénales, peu nombreuses, puisque cette constitution aura banni tous les crimes de cette

____

(1) MORELLY, *Code de la nature*, p. 193.

nation bienheureuse. Les pires châtiments seront toutefois réservés à celui qui tenterait de faire revivre l'ancien état de choses. On ne saurait trop prendre de précautions contre cet insensé. « Aussi tout citoyen, quel que soit son rang, qui aurait tenté par cabale ou autrement d'abolir ces lois sacrées pour introduire la détestable propriété, après avoir été convaincu et jugé par le sénat suprême, sera enfermé pour toute sa vie comme fou furieux et ennemi de l'humanité, dans une caverne bâtie dans le lieu des sépultures publiques. Son nom sera pour toujours effacé du dénombrement des citoyens ; ses enfants et toute sa famille quitteront ce nom et seront séparément incorporés dans d'autres tribus, cités ou provinces (1). »

De tels châtiments auraient certes fait réfléchir l'audacieux qui aurait osé porter la main sur « les lois sacrées » de Morelly. Mais il restait à les établir et malgré l'éloquence véhémente de l'auteur, il ne réussit pas à convaincre ses contemporains. Son œuvre était cependant originale, et sur bien des points les critiques de Morelly furent reprises par les socialistes modernes. « L'auteur trop peu connu du *Code de la nature,* écrivait Villegardelle, appartenait à ce cercle borné de penseurs profonds que le milieu du XVIII° siècle vit s'éteindre sans bruit et sans gloire. Morelly a surpassé et ses devanciers, Platon, Morus, Campanella, et ses continuateurs Mably, Owen, Saint-Simon, etc., par

______

(1) MORELLY. *Code de la nature,* p. 230.

la lucidité entraînante et l'enchaînement vigou-
reux des raisonnements qu'il invente et qu'il
rajeunit. Le *Code de la nature* et quelques frag-
ments choisis de la *Basiliade* placent leur auteur au nombre des écrivains éminents de la
France (1). »

Cet éloge enthousiaste est quelque peu outré.
Il est vrai cependant que nous n'avions pas
encore rencontré au cours de notre enquête, de
système aussi coordonné et souvent d'attaques
plus pénétrantes contre le droit de propriété.
C'est dans ses ouvrages que nous trouvons
pour la première fois, érigé à l'état de principe
de gouvernement, cet axiome qui fera fortune
et que socialistes et économistes libéraux consi-
déreront comme la base irréfutable de leur système : *l'excellence de l'homme à l'état de nature
et sa corruption par la civilisation et les lois.*
Mais peu après survint un autre penseur qui
devait faire, lui aussi, de ce principe, le fondement de toute sa philosophie et dont l'éclat
comme aussi le génie contribuèrent sans doute
à rejeter dans l'ombre le *Code de la nature* de
Morelly.

---

(1) VILLEGARDELLE, édit. du *Code de la nature*, Introd., p. 5.

CHAPITRE CINQUIÈME

Jean-Jacques Rousseau.

La vie et les écrits du philosophe de Genève
sont trop connus pour que nous les rappe-
lions ici. Dans cet essai sur les idées sociales du
XVIIIe siècle un petit nombre seulement des publications de Rousseau nous intéressent. Ce n'est
donc pas une étude approfondie sur les doctrines de J.-J. Rousseau que nous essaierons :
trop d'écrivains, et des plus illustres, ont
entrepris cette tâche, pour que nous ayons la
témérité de croire, après eux, apporter quelque
chose de nouveau. Nous procéderons vis-à-vis
de J.-J. Rousseau comme nous l'avons fait
jusqu'à présent pour les auteurs que nous
avons étudiés. Au moyen de citations puisées
dans ses œuvres nous nous efforcerons de dé-
gager la pensée de l'auteur sur le problème qui
nous occupe : comment Rousseau a-t-il envisagé la question sociale de son temps et quels
remèdes a-t-il indiqués pour la solution du
problème ? C'est donc une étude tout à fait cir-

conscrite que nous entendons faire dans ce chapitre dont le développement complet excéderait de beaucoup les limites de ce modeste opuscule.

Frappé des misères qui accablaient le peuple, Rousseau fut invité à en chercher les causes et à en exposer les remèdes par le sujet que mit au concours en 1754 l'Académie de Dijon. On sait quel était le sujet proposé et quel retentissement eut le mémoire de Rousseau « *Quelle est l'origine de l'inégalité parmi les hommes et si elle est autorisée par la loi naturelle?* » Le mémoire de Rousseau : *Discours sur l'origine et les fondements de l'inégalité parmi les hommes,* ne fut pas couronné. L'Académie de Dijon préféra à ce discours incendiaire celui de l'abbé Talbert qui soutenait la saine doctrine et voyait dans le péché originel la cause de l'inégalité parmi les hommes. Mais, couronnée ou non, l'œuvre de Rousseau n'en devait pas moins avoir une répercussion considérable. Sa publication, qui eut peut-être sur l'orientation du génie de Rousseau une influence décisive, devait en avoir une plus importante encore sur tous les écrivains qui suivirent et qui, plus ou moins, d'une manière consciente ou non, allaient subir l'influence de Rousseau. « Ce discours, disait Grimm, est peut-être de tous les ouvrages de cet homme célèbre le plus original et le plus important. Il contient les germes de tout ce qu'il a écrit depuis. Il a produit en Allemagne et en France une infinité de bons et de mauvais livres et l'on doit sans doute le compter dans le petit nombre de ceux qui ont ouvert une nouvelle mine à la curiosité avide de nos sages et de nos raisonneurs (1). »

L'inégalité est-elle naturelle ? Telle est la première question à se poser. Si oui ! il est bien évident que les remèdes pour faire cesser cette inégalité, n'existent pas : il faut se soumettre à cette loi inéluctable de la nature. On peut la diminuer ; la faire cesser, jamais ! Mais si par hasard il en était autrement, ne pourrait-on pas, connaissant les causes de cette inégalité, supprimer celle-ci en supprimant celles-là.

Rousseau remonte à l'homme sauvage, à l'homme à l'état de nature. Par une série d'hypothèses logiquement déduites il nous montre comment cet homme a pu acquérir petit à petit quelque teintes de civilisation. Il prouve « que l'inégalité est à peine sensible dans l'état de nature et que son influence y fut presque nulle (2) ». Quelle est donc la créatrice parmi les hommes de cette inégalité, cause par la suite de tous les maux ? Rousseau n'hésite pas à répondre. Pour lui comme pour Morelly : le propriétaire, voilà l'ennemi, et il commence la seconde partie de son discours par l'apostrophe connue : « Le premier qui ayant enclos un terrain s'avisa de dire : Ceci est à moi ; et trouva des gens assez simples pour le croire, fut le vrai fondateur de la société civile. Que de crimes, de guerres, de meurtres, que de misères

______

(1) GRIMM, *Correspondance*, t, X. p. 313.

(2) ROUSSEAU, *Discours*, t. IV, p. 253.

et d'horreurs n'eût pas épargnés au genre humain celui qui, arrachant les pieux ou comblant les fossés, eût crié à ses semblables : Gardez-vous d'écouter cet imposteur, vous êtes perdus si vous oubliez que les fruits sont à tous et que la terre n'est à personne (1). »

« Tant que les hommes ne s'appliquèrent qu'à des ouvrages qu'un seul pouvait faire et qu'à des arts qui n'avaient pas besoin du concours de plusieurs mains, ils vécurent libres, sains, bons et heureux autant qu'ils pouvaient l'être par leur nature et continuèrent à jouir entre eux des douceurs d'un commerce indépendant ; mais dès l'instant qu'un homme eut besoin d'un autre, dès qu'on s'aperçut qu'il était utile à un seul d'avoir des provisions pour deux, l'égalité disparut ; la propriété s'introduisit ; le travail devint nécessaire et les vastes forêts devinrent des campagnes riantes qu'il fallait arroser de la sueur des hommes et dans lesquelles on vit bientôt l'esclavage et la misère croître avec les moissons (2). »

Le cultivateur acquérait ainsi un droit aux produits de la terre qu'il avait fertilisée par son travail. Nul n'avait le droit de disposer de son fonds et d'année en année cette possession continue se transformait ainsi aisément en propriété.

Mais il fallait faire reconnaître par tous cette propriété créée pour quelques-uns. Les riches sentirent combien était précaire cette possession

(1) ROUSSEAU, *Discours*, t. IV, p. 257-258

(2) ROUSSEAU, *Discours*, t. IV, p. 268.

issue de la force et que la force pouvait leur enlever. Aussi s'attachèrent-ils à faire consacrer leur droit. « Les riches surtout durent bientôt sentir combien leur était désavantageuse une guerre perpétuelle dont ils faisaient seuls tous les frais et dans laquelle le risque de la vie était commun et celui des biens particulier. D'ailleurs quelques couleurs qu'ils pussent donner à leurs usurpations, ils sentaient assez qu'elles n'étaient établies que sur un droit précaire et abusif et que, n'ayant été acquis que par la force, la force pouvait le leur ôter sans qu'ils eussent raison de s'en plaindre. Ils avaient beau dire : c'est moi qui ai bâti ce mur, j'ai gagné ce terrain par mon travail ! Qui vous a donné les alignements, leur pouvait-on répondre, et en vertu de quoi prétendez-vous être payés à nos dépens d'un travail que nous ne vous avons pas imposé ? Ignorez-vous qu'une multitude de vos frères peut souffrir du besoin de ce que vous avez de trop et qu'il vous fallait un consentement exprès et unanime du genre humain pour vous approprier sur la subsistance commune tout ce qui allait au delà de la vôtre (1). »

Toutes ces inégalités allèrent en se développant. Presque nulle dans l'état de nature, l'inégalité tire donc son origine du développement de nos facultés et s'affermit de l'établissement de la propriété. La propriété, telle est pour Rousseau l'origine de nos maux. Cependant il

____

(1) Rousseau, *Discours sur l'Inégalité*, t. IV, p. 278.

n'en demande pas l'abolition ; pour lui la propriété individuelle est sacrée : « Le droit de propriété est le plus sacré de tous les droits des citoyens (1). » Souvenons-nous, toutefois, que ce droit résulte en somme d'une convention passée entre les hommes le jour où ceux-ci se sont mis en société. Ce droit de propriété a été reconnu et sanctionné par le *contrat social* qui a créé la société.

« Chaque membre de la communauté se donne à elle au moment qu'elle se forme, tel qu'il se trouve actuellement lui et toutes ses forces, dont les biens qu'il possède font partie. Ce n'est pas que par cet acte la possession change de nature en changeant de mains et devienne propriété dans celles des souverains, mais comme les forces de la cité sont incomparablement plus grandes que celles d'un particulier, la possession publique est aussi dans le fait plus forte et plus inviolable, sans être plus légitime, au moins pour les étrangers ; car l'Etat à l'égard de ses membres est maître de tous les biens par le contrat social qui dans l'Etat sert de base à tous les droits ; mais il ne l'est à l'égard des autres puissances que par le droit de premier occupant qu'il tient des particuliers (2). »

Ainsi donc c'est l'Etat qui garantit et légitime le droit de propriété vis-à-vis des particuliers qui ont signé le contrat social constitutif de

---

(1) Rousseau, *Discours sur l'Inégalité*, t. IV, p. 321.

(2) Rousseau, *Contrat social*, liv. I, ch. ix ; t. V. p. 118.

l'Etat. C'est l'ensemble des citoyens qui aura à se prononcer sur les lois de cet Etat. La propriété individuelle sera donc garantie par tous et inviolable. Toutefois qu'on y prenne garde : « Le pouvoir souverain qui n'a d'autre objet que le bien commun n'a d'autres bornes que celle de l'utilité publique bien entendue (1). » Voilà donc formulée par Rousseau la maxime de gouvernement que nous avons dit être la règle pour les penseurs du XVIII° siècle. Son application dans une démocratie peut conduire fort loin et ni plus ni moins qu'à la confiscation par la majorité des biens de la minorité. Il sera toujours facile de trouver des considérations d'ordre d'utilité publique pour s'emparer des biens des plus faibles parce que moins nombreux. Remarquons d'ailleurs que Rousseau lui-même a voulu prévenir ce que cette théorie pourrait avoir d'excessif dans ses applications. Si en principe il faut bien admettre que l'Etat, au nom de l'intérêt général, a le droit de porter atteinte au régime établi de la propriété, Rousseau veut en revanche qu'on évite tout ce qui pourrait paraître abusif et vexatoire. Il ne veut pas de lois visant un cas particulier, mais une mesure générale s'appliquant à tous les individus.

« Le droit de propriété est inviolable et sacré pour l'autorité souveraine tant qu'il demeure un droit particulier et individuel ; sitôt qu'il est considéré comme commun à tous les citoyens,

(1) ROUSSEAU, t. IV, p. 378. *Discours sur l'Economie politique.*

il est soumis à la volonté générale et cette volonté
peut l'anéantir. Ainsi le souverain n'a nul droit de
toucher au bien d'un particulier ou de plusieurs,
mais il peut légitimement s'emparer des biens
de tous, comme cela se fit à Sparte du temps de
Lycurgue ; au lieu que l'abolition des dettes par
Solon fut un acte illégitime (1). »

Sans la propriété l'égalité aurait donc probablement continué à fleurir parmi les hommes : « La
nature en effet a fait l'homme heureux et bon,
mais la société le déprave et le rend misérable...
Toutefois la nature humaine ne rétrograde pas,
et jamais on ne remontera vers le temps d'innocence et d'égalité quand on s'en est une fois
écarté (2). » Il faut donc, s'appuyant sur la théorie de la propriété que nous venons d'exposer,
que l'Etat prenne les mesures les plus propres
à assurer à chacun le sort le moins misérable ?
Il ne manquera pas de restreindre le plus qu'il
le pourra les conséquences fâcheuses qu'aura
certainement ce droit de propriété. Il veillera
à ce qu'une trop grande inégalité ne s'établisse
parmi les hommes : « C'est sur la médiocrité
seule que s'exerce toute la force des lois. Une
des plus importantes affaires du gouvernement
est donc de prévenir l'extrême inégalité des
fortunes ; non en enlevant les trésors à leurs
possesseurs, mais en ôtant à tous les moyens
d'en accumuler, ni en bâtissant des hôpitaux

(1) Rousseau, t. V, p. 135.

(2) Rousseau, *Dialogues*, III, t. XVI, p. 413.

pour les pauvres, mais en garantissant tous les citoyens de le devenir (1). »

L'Etat s'attachera à former des citoyens vertueux, mais pour cela il lui faudra les prendre jeunes et encore enfants. Une éducation nationale, dans des institutions de l'Etat et sous le contrôle de maîtres nommés par lui, voilà d'après Rousseau « comment un gouvernement attentif et bien intentionné, veillant sans cesse à maintenir ou à rappeler chez le peuple l'amour de la patrie et les bonnes mœurs, prévient de loin les maux qui résultent tôt ou tard de l'indifférence des citoyens pour le sort de la république et contient dans des bornes étroites cet intérêt personnel qui isole tellement les particuliers, que l'Etat s'affaiblit par leurs puissances et n'a rien à espérer de leur bonne volonté (2) ».

Le gouvernement a aussi le droit et le devoir de songer à la subsistance des citoyens et « ce devoir n'est pas, comme on doit le sentir, de remplir les greniers des particuliers et les dispenser de travail, mais de maintenir l'abondance tellement à leur portée que pour l'acquérir le travail soit toujours nécessaire et jamais inutile (3). »

Mais le gouvernement aura besoin de ressources pour assurer les différents services ; qui lui procurera l'argent nécessaire et dans quelles

(1) ROUSSEAU, *Discours sur l'Economie politique*, t. IV, p. 379.

(2) ROUSSEAU, *Discours sur l'Economie politique*, t. IV, p. 381.

(3) ROUSSEAU, *Discours sur l'Economie politique*, t. IV, p. 385.

proportions? Grave problème à résoudre, car, ne l'oublions pas, « le droit de propriété est le plus sacré des droits et plus important à certains égards que la liberté même. »

Rousseau ne va pas aussi loin que bon nombre de socialistes modernes qui veulent créer des ressources à l'Etat en le déclarant propriétaire de toutes les successions. Au contraire l'Etat « fera respecter l'hérédité de père en fils et de proche en proche (1). » « Il n'est pas possible en effet que tous les règlements qui regardent l'ordre des successions, les testaments, les contrats, ne gênent pas les citoyens à certains égards sur la disposition de leur propre bien et par conséquent sur leur propre bien (2). » Ces lois qu'édictera l'Etat seront loin d'être des restrictions au droit de propriété. « Par sa nature en effet ce droit ne s'étend pas au-delà de la vie du propriétaire, et l'instant qu'un homme est mort son bien ne lui appartient plus (3). » Ainsi prescrire les conditions dans lesquelles il peut en disposer est au fond moins altérer son droit que l'étendre.

Pour équilibrer le budget Rousseau est partisan d'un impôt sur le revenu : « La taxe la plus équitable est une taxe personnelle qui serait exactement proportionnée aux facultés des individus. Malheureusement chacun déguise sa

(1) ROUSSEAU, *Discours sur l'Economie politique*, t. IV, p. 386.

(2) ROUSSEAU, *Discours sur l'Economie politique*, t. IV, p. 385-386

(3) ROUSSEAU, *Discours sur l'Economie politique*, t. IV, p. 386.

condition et arrive à l'éluder. De plus, il est très difficile à établir d'une manière satisfaisante. Premièrement on doit considérer le rapport des quantités selon lequel, toutes choses égales, celui qui a dix fois plus de bien qu'un autre doit payer dix fois plus que lui ; secondement le rapport des usages, c'est-à-dire la destruction du nécessaire et du superflu. Celui qui n'a que le simple nécessaire ne doit rien payer du tout, la taxe de celui qui a du superflu peut aller au besoin jusqu'à la concurrence de tout ce qui excède son nécessaire... Un troisième rapport que l'on ne compte jamais et qu'on devrait toujours compter le premier, « est celui des utilités que chacun retire de la confédération sociale qui protège fortement les immenses possessions du riche et laisse à peine un misérable jouir de la chaumière qu'il a construite de ses mains (1). »

Rousseau conclut de ces diverses considérations que « pour répartir les taxes d'une façon équitable et vraiment proportionnelle l'imposition ne doit pas être faite seulement en raison des biens des contribuables, mais en raison composée de la différence de leur condition et du superflu de leurs biens (2) ».

Voilà résumées les critiques que Rousseau adresse à l'état de la société de son temps et les remèdes qu'il propose pour remédier au mal.

____

(1) Rousseau, *Discours sur l'Economie politique*, t. IV, p. 397-398.
(2) Rousseau, *Discours sur l'Economie politique*, t. V, p. 400.

On voit en somme que si la critique est très vive,
violente même parfois, contre les riches, les
mesures qu'il demande au gouvernement sont
assez modérées. Cependant sa théorie de la propriété, débarrassée par ses continuateurs des
correctifs qu'il y avait apportés, pouvait amener
de graves inconvénients pour les citoyens. La
raison d'Etat pouvait toujours être invoquée et
légitimer toutes les confiscations.

CHAPITRE SIXIÈME

Mably.

L'abbé Gabriel Bonnot de Mably, le troisième en date des trois grands socialistes du XVIIIe siècle, jouit de son temps d'une popularité et d'une vogue qui éclipsa souvent celles des autres économistes. Malgré son pessimisme, il eut une très grande influence sur ses contemporains, et ses vues sur le gouvernement reçurent souvent des Constituants une entière réalisation. Beaucoup de peuples rendirent hommage à Mably et vinrent lui demander des conseils sur la Constitution la plus propre à rétablir le bonheur et la paix dans leur pays. « C'est un sujet digne de remarque que le nom d'un simple et modeste citoyen se trouve lié à tous les Etats qui aspirent encore à la liberté ou craignent de la perdre. Berne avait adopté ses maximes ; la Pologne lui avait demandé des lois ; la Corse avait réclamé ses lumières ; Genève en avait reçu des conseils capables de la garantir de l'oppression, et les sages de l'Amérique avaient sollicité ses suffrages ; tant est puissant l'empire et le charme des talents unis à la vertu (1). »

Cet abbé diplomate, après avoir collaboré, et de très près, à la direction du ministère des Affaires étrangères, sous son parent le cardinal de Tencin, se lança brusquement dans la philosophie et l'économie sociale, après s'être fâché avec son protecteur. Il apporta dans ses études un esprit chagrin et morose qui le fit surnommer par ses contemporains « *le Prophète de malheur* ». Cette disposition donna à son système une teinte de pessimisme plus austère et plus noir encore que celui de Rousseau. Pour lui, en présence des maux qui désolent l'Europe et le monde entier, il en vient à douter de la possibilité d'une réforme : « Les hommes sont trop dépravés pour qu'il puisse y avoir une sage politique (2). » La France en particulier est l'objet de sa commisération douloureuse : « A moins d'événement imprévu, elle tombera dans un état de dépérissement et de langueur, où tombe enfin toute société qui empêche les citoyens de s'intéresser à la chose publique. Je suis las, dit-il, de m'occuper d'une nation qui est perdue sans ressource et qui par son inconsidération et sa légèreté mérite que nos ministres soient détestables (3). »

On aurait tort de croire cependant que Mably

---

(1) Brizard, *Eloge de M. l'abbé Mably*, p. 83
(2) Mably, *Œuvres*, t. XIV, p. 46.
(3) Mably, *Œuvres*, t. III, p. 353.

se rejette sur cette perversion pour se dispenser d'essayer de remédier à cette triste situation. Dans ses ouvrages : *Doutes proposés aux philosophes économistes sur l'ordre naturel et essentiel des sociétés, — De la législation, — Principes de morale,* etc., il fit lui aussi la critique de la société et esquissa un plan de gouvernement.

« Savez-vous quelle est la principale source de tous les maux qui affligent l'humanité ? C'est la propriété des biens (1). » On voit que Mably, sur ce point, est tout aussi explicite que Morelly ou Rousseau. Qu'on ne dise pas cependant, comme Rousseau, que c'est la propriété qui a créé la société. Celle-ci devait exister avant, car l'homme est par lui-même un animal sociable. La société existerait donc indépendamment de la propriété. De, fait chez bien des peuples la propriété foncière est totalement inconnue et ces nations n'en subsistent pas moins.

« Je ne nie pas que la nature ne nous distribue inégalement ses bienfaits, mais il me semble que ce n'est point avec une disproportion égale à la monstrueuse différence que nous voyons dans la fortune des hommes. En nous donnant des goûts, des qualités, des forces et des talents différents, elle n'a pas voulu nous tendre un piège ni nous préparer à la plus légère inégalité ; car quelque petite que vous supposiez cette inégalité, elle serait toujours un vice qui ne manquerait pas de prendre, en peu de temps, des forces,

____
(1) MABLY, *Des droits et des devoir du citoyen.* Œuvres, t. XI, p. 378-379,

et de produire enfin les maux les plus extrêmes (1). » Il semble, en effet, que c'est l'inégalité seule qui a appris aux hommes à préférer
aux vertus bien des choses inutiles ou pernicieuses. Si l'inégalité des fortunes ne nous avait
accoutumés à regarder cette délicatesse ridicule
comme une preuve de supériorité, pourquoi
mettrions-nous de la recherche et du raffinement
dans nos besoins ? « Pourquoi m'aviserais-je de
regarder comme au-dessous de moi un homme
qui est peut-être supérieur en mérite ; pourquoi
affecterais-je quelque préférence ; pourquoi pré-
tendrais-je avoir quelque autorité sur lui et ouvri-
rais-je ainsi la porte à la tyrannie, à la servitude
et à tous les vices les plus funestes à la société, si
l'inégalité des conditions n'avait ouvert mon
âme à l'ambition, comme l'inégalité des fortunes
l'a ouverte à l'avarice (2). » « L'égalité doit produire tous les biens parce qu'elle unit les
hommes, leur élève l'âme et les prépare à des
sentiments mutuels de bienveillance et d'amitié,
j'en conclus que l'inégalité produit tous les
maux parce qu'elle les dégrade, les humilie et
sème entre eux la division et la haine (3). »

L'influence des économistes, que nous étudie-
rons plus loin, se fait sentir sur Mably. Celui-ci
s'attache à réfuter leurs objections. Sans doute,
diront les physiocrates, la propriété individuelle peut causer bien des maux ; mais vous
ne pouvez nier qu'elle amène une plus grande

(1) MABLY, *De la législation*, liv. I, chap. II.
(2) MABLY. *Œuvres*, t. I, p. 50.
(3) MABLY, *Doutes proposés... Œuvres*, t. I, p. 35.

production de richesse ! Peut-être, répond Mably, mais le bonheur ne consiste pas dans l'abondance mais dans la vertu. « Il faut sans doute avoir de bonnes récoltes mais il faut commencer par avoir de bons citoyens (1). » Ce bonheur résultera plutôt de la communauté de biens, « idée agréable (2) » à Mably. La première apparition des propriétés foncières ne doit être due qu'à la paresse de quelques frelons qui voulaient vivre sans peine aux dépens d'autrui. Tous les beaux raisonnements que feront les économistes ne pourront convaincre le pauvre que tout est ici-bas pour le mieux dans le meilleur des mondes. « Comment vous y prendrez-vous pour faire croire aux hommes qui n'ont rien, c'est-à-dire au plus grand nombre des citoyens, qu'ils sont évidemment dans l'ordre où ils peuvent trouver la plus grande somme de jouissance et de bonheur (3). » « Pourquoi voulez-vous que je sois content en me voyant à faire le plat rôle du pauvre alors que tant d'autres, je ne sais pourquoi, font le rôle important du riche (4). »

La première réforme à apporter pour faire cesser cette inégalité et empêcher qu'il y ait des riches et des pauvres, des mécontents et des jaloux, c'est de suivre la sage règle établie par Lycurgue dans ses Constitutions : Lycurgue, ne se contentant pas de partager également les

____

(1) Mably, *Doutes*, t. I, p. 15.
(2) Mably, *Doutes*, t. I, p. 47.
(3) Mably, *Doutes*, t. I, p. 49.
(4) Mably, *Doutes*, t. I, p. 47.

terres et de ne produire qu'un bien passager et très court, ôta à ses concitoyens la propriété de leurs terres. Elles appartenaient à la République qui en distribua une portion à chaque père de famille pour en jouir en sa qualité de simple usufruitier. S'il se glissa différents abus chez les Spartiates, s'ils furent enfin les maîtres de disposer à leur gré de leurs terres, et si cette révolution funeste perdit sans ressource la République et les lois de Lycurgue, il me semble qu'on en peut tirer les instructions les plus utiles sur la nature des propriétés ; il me semble qu'on doit en conclure que nous ne pouvons trouver le bonheur que dans la communauté de biens (1). »

Ainsi donc Mably se montre beaucoup plus avancé que ses prédécesseurs. Ceux-ci, Montesquieu, Morelly, Rousseau, se bornaient à établir que la propriété ayant été créée et garantie par l'Etat, celui-ci avait le droit de prendre vis-à-vis d'elle telle mesure que pouvait lui sembler demander l'intérêt général. Pour Mably, au contraire, la société ne crée pas la propriété, elles existent indépendamment l'une de l'autre ; toucher à la seconde, ce n'est pas nécessairement ruiner la première ; au contraire, c'est lui assurer plus de force en abattant la principale cause de désunion et de misère. Dès lors le remède s'impose : il faut supprimer la propriété individuelle et établir à la place la communauté de biens.

Dans l'état où sont les choses, « aucune force

____

(1) MABLY, *La Législation*, liv. I, ch. II.

humaine ne pourrait tenter aujourd'hui de rétablir l'égalité sans causer de plus grand désordres que ceux qu'on voulait éviter (1) ». Toutefois rappelons-nous que « chacun a le droit d'examiner les lois humaines et d'en réclamer l'abolition et qu'il faut choisir entre l'esclavage et une révolution (2) ».

Mais Mably est tout épouvanté de la hardiesse qu'il vient d'avoir, il se hâte de déclarer que, la propriété une fois établie, « il faut la considérer comme le fondement de l'ordre, de la paix et de la sûreté publique. Primitivement toute loi était vicieuse qui tendait à rompre la communauté de biens. Au contraire, toute loi sera sage aujourd'hui qui tendra à ôter à nos passions quelque moyen ou quelque prétexte de blesser les droits de la propriété même de la façon la plus légère (3) ». Il faut user de ruse : « Arrangez vos lois de façon que je sois content d'une fortune médiocre ; rendez-moi les richesses inutiles, si vous ne voulez pas que je m'occupe d'en amasser (4). » Aussi devra-t-on s'attacher à obtenir ce résultat par la publication de nombreuses lois somptuaires destinées à prévenir toute dépense de luxe chez les citoyens. La richesse ne pouvant plus servir à des dépenses inconsidérées, chacun arrivera vite à se contenter du nécessaire : « Je ne finirais pas de vous parler des lois

(1) Mably, t. XI, p. 271.
(2) Mably, t. XI, p. 271.
(3) Mably, *Législation*, t. I, p. 121.
(4) Mably, *Législation*, t. I, p. 117.

somptuaires si je voulais faire connaître tous leurs avantages. Elles doivent s'étendre sur tout : meubles, logements, table, domestiques, vêtements. Si vous négligez une partie, vous laissez une porte ouverte à des abus qui s'étendront sur tout. Plus vos règlements seront austères, moins l'inégalité des fortunes sera dangereuse (1). »

Il faudra également se défier du commerce qui sert à alimenter le luxe et à accroître l'inégalité par la fortune qu'il procure aux trafiquants : « Si vous prenez des mesures pour empêcher le commerce de multiplier vos besoins, si vous vous opposez aux progrès du luxe, si vos lois se défient prudemment des femmes par qui la corruption s'est introduite dans toutes les républiques, si vous mettez des entraves à l'ambition des riches portés naturellement à penser que tout leur appartient, vous aurez fait à peu près tout ce qui dépend de vous pour empêcher les malheurs de l'avenir (2). »

Ces mesures purement négatives ne sauraient suffir. C'est dès maintenant qu'il convient de combattre la richesse par des moyens énergiques. Il faut prendre toutes les mesures propres à diminuer petit à petit cette inégalité de fortunes, cause de tous les maux. Pour arriver à ce résultat le gouvernement établira toute une série de lois fort sévères sur les héritages. La liberté de tester devra être annulée : « La loi disposerait du bien de chaque mourant ou si elle lui lais-

<hr>

(1) MABLY, *Législation*, t. I, p. 150.
(2) MABLY, *Observations sur l'Amérique. Œuvres*, t. VIII, p. 456.

sait la faculté de distribuer à son gré son mobilier ce ne serait que pour reconnaître le zèle et l'affection de ses serviteurs et faire rentrer ainsi dans la classe des pauvres quelques richesses pernicieuses aux riches (1). » On devra limiter strictement les degrés de parenté donnant droit à l'héritage. L'Etat lui-même ne devra pas succéder aux morts sans hérédité, mais il devra partager la succession entre les plus pauvres du lieu où le citoyen sera décédé.

Toutefois ces mesures ne suffiront pas encore et il faudra de toute nécessité recourir aux moyens extrêmes. Jamais on ne triomphera de l'inégalité si on n'a pas recours aux lois agraires. Elles seules peuvent maintenir l'équilibre et la justice dans l'Etat : « Plusieurs Etats ont porté des espèces de lois agraires contre l'avidité du clergé, et l'avantage qu'ils en ont retiré aurait dû les avertir de faire en faveur du bien public les mêmes lois contre la cupidité des autres classes de citoyens (2). » Agir ainsi, ce ne sera pas violer le droit de propriété. « Quel sera l'homme assez peu raisonnable pour prétendre qu'une saine politique ne peut prescrire aux riches les conditions auxquelles ils jouiront de la fortune et les empêcher d'opprimer les pauvres (3). » Peu importe que les lois proposées déchaînent une révolution dans laquelle de nom-

(1) MABLY, *Législation*, t. I, p. 158.

(2) MABLY, *Législation*, t. I, p. 168.

(3) MABLY, *Du commerce des grains*, t. XIII, p. 274

breuses victimes trouveront la mort : « Il vaut mieux ne compter qu'un millier d'hommes heureux sur la terre entière que d'y voir cette multitude innombrable de misérables et d'esclaves qui ne vit qu'à moitié dans l'abrutissement et la misère. »

On peut juger par ce rapide exposé combien nous avions raison de parler du pessimisme de Mably. Son système, plus violent que celui de Rousseau, appelle nettement la révolution pour mettre fin à toutes les misères. « Tant pis, si l'on fait quelque chose de bien, déclarait-il à quelqu'un qui lui apprenait que l'on préparait des réformes partielles, tant pis, cela soutiendra la vieille machine qu'il faut renverser. »

Cet appel au bouleversement général devait faire jouir Mably d'une grande considération pendant la période révolutionnaire. Beaucoup de conventionnels se réclamèrent de ses doctrines. Babeuf se souvint du communisme et de la nécessité des lois agraires quand il fomenta son mouvement. Les autres socialistes étudiés jusqu'alors aboutissent presque tous à des déclarations individualistes, Mably est le seul, croyons-nous, qui se soit montré nettement communiste.

CHAPITRE SEPTIÈME

Les économistes et les encyclopédistes.

Vers le milieu du xviiie siècle une nouvelle
école de philosophes et d'écrivains politiques
commença à répandre ses théories dans le
public. Il nous faut étudier maintenant les physiocrates et examiner comment ils envisageaient
la question sociale et les remèdes qu'ils propo-
saient. Nous trouvons chez eux, peut-être pour
la première fois, un essai de système économi-
que à base scientifique. Il amena d'ailleurs de
la part de plusieurs économistes des critiques
souvent acerbes. Elles témoignèrent par leur
vivacité même du souci que tous les écrivains
prenaient maintenant de cette question qui pas-
sionnait, de jour en jour davantage, l'opinion
publique.

Les physiocrates durent leur nom à l'étude
que fit paraître le vulgarisateur de l'école,
Dupont de Nemours, sous lo titre de *Physiocra-*

tie. Cet ouvrage contenait la collection des œuvres principales des économistes. On sait que les créateurs de ce système furent : Gournay, théoricien du « *laissez faire, laissez passer* », et surtout Quesnay, le célèbre médecin de Mme de Pompadour. Celui-ci mit en vogue la théorie du sol, unique producteur de la richesse. Nous devons encore citer parmi les plus illustres représentants de cette école : Mercier de la Rivière et surtout le célèbre Turgot. Celui-ci essaya, lors de son passage à la direction des finances, de mettre en pratique les idées des physiocrates, dont il avait eu d'ailleurs à expérimenter la justesse et la fécondité lors de son gouvernement de l'intendance générale de Limoges.

Ces physiocrates, précurseurs de l'école de Manchester et de l'école orthodoxe moderne, se montraient absolument opposés aux socialistes dans leur conception de la société.

Sans doute comme ces derniers ils admettront et proclameront bien haut que l'homme a droit au bonheur. « La nature a donné à tous les hommes le droit d'être heureux » ; physiocrates et socialistes se trouveront encore d'accord pour blâmer et critiquer vivement l'état de misère dans lequel l'abus des finances, le luxe insensé et l'inégalité extrême ont réduit les classes pauvres. Mais où les deux écoles diffèrent, c'est quand il s'agit de déterminer les causes et d'indiquer des remèdes à cette misère et à cette pauvreté. « Les règles de la justice et de l'intérêt général ne sont ni arbitraires ni fantaisistes. L'homme les trouve en étudiant l'ordre naturel, c'est-à-dire le jeu régulier des lois physiques et morales que la Providence a établies pour assurer le bonheur de notre espèce. D'elles naissent nos droits et nos devoirs. La justice naturelle est la conformité des actes humains avec les lois de l'ordre naturel. L'ensemble des lois physiques et morales de l'ordre naturel forment ce que les physiocrates appellent le droit naturel, la loi naturelle, l'ordre. Il préexiste aux conventions humaines. L'ordre naturel doit être la base de l'ordre social positif ou conventionnel ; celui-ci ne reposerait autrement que sur des lois arbitraires (1). »

On saisit aisément la différence profonde de ce système avec celui des socialistes, de Rousseau par exemple. Il n'y a pas chez les physiocrates de contrat social. Ce n'est pas ainsi une création de l'homme, toujours réformable par les intéressés. Il s'agit ici de lois naturelles qui préexistent à toute société et que toute agglomération d'hommes doit adopter sous peine d'être misérable et de voir le malheur y régner en maître. « Il n'y a pas deux justices, dit Dupont de Nemours ; ce qui était juste dans l'état primitif du genre humain l'est encore dans l'état de société. Jamais il n'a été juste d'attenter à la liberté ni à la propriété d'autrui. Il n'y a point d'homme qui en ait quelquefois le pouvoir. En aucun temps aucun homme n'en a eu le droit, en aucun temps ni par aucune institution

_____

(1) A. Lichtenberger, loc. cit., p. 070.

aucun homme ne pourra l'acquérir (1). »

En se mettant en société les hommes n'ont nullement abandonné ces droits ; mais cette association a eu au contraire pour résultat d'étendre encore ceux-ci et d'en garantir à tous l'exercice et la jouissance. « Les hommes en se confédérant et en formant des corps politiques n'ont renoncé à aucun de leurs droits naturels, car ils n'avaient pas celui de nuire : et ne pas nuire, se défendre réciproquement contre ceux qui nuiraient, est la seule condition fondamentale de la société. Loin d'abandonner une partie de leurs droits, c'est pour étendre l'usage de tous ceux que leur a confiés la nature, pour en garantir l'exercice, pour en accroître les avantages, qu'ils se sont promis une protection mutuelle et que, pour se la donner avec règle, ils ont établi des magistrats et sont convenus de suivre des lois (2). » Il ne s'agit donc nullement de revenir à l'état de nature : rechercher les règles qui présidaient à cet état serait superflu. On peut, en effet, déduire par le raisonnement les règles naturelles que réclame toute société bien organisée. « Notre intelligence doit être capable, en effet, de découvrir cet ordre naturel, sans quoi elle serait inutile et la sagesse du Créateur serait en défaut (3). »

---

(1) Dupont de Nemours, *Maximes du docteur Quesnay*, cité par Bayet. *Ecrivains politiques du* XVIII° *siècle*, p. 331.

(2) *Item*, p. 332.

(3) A. Lichtenberger, *loc. cit.*, p. 278.

Quelles sont ces lois naturelles? « Tout homme, dit le théoricien de l'école, Dupont de Nemours, tout homme tient de la Providence elle-même les facultés qu'elle lui a départies ; c'est ce qui le constitue propriétaire de sa personne (1). »

Voilà le premier principe de la théorie physiocratique : l'homme propriétaire de sa personne, c'est-à-dire l'homme libre de disposer de soi-même et d'exercer son activité comme bon lui semble, à condition toutefois que cette liberté ne vienne pas entraver celle de ses semblables tout aussi respectable que la sienne. De cette liberté de la personne, Dupont de Nemours déduit la notion de propriété : propriété mobilière et propriété foncière. Ainsi l'école sera en possession des deux principes qui servent de fondement à tout le système : la liberté et la propriété. « L'usage de la propriété personnelle embrasse la liberté du travail, sous l'unique réserve de ne pas mettre obstacle au travail d'autrui, de ne pas envahir les acquisitions des autres. Ne gênez jamais le travail. Ce que chacun acquiert par son travail ou par l'emploi de sa propriété personnelle devient propriété mobilière. Et quand la propriété personnelle et la propriété mobilière mettent en état de culture un terrain qu'un autre homme n'avait pas acquis, la propriété foncière de ce terrain appartient à celui qu'on ne pourrait en priver sans lui dérober ce qu'il a consacré

____

(1) Dupont de Nemours, *ouv. cit.*, p. 333.

de ses deux propriétés originaires pour faire naître la troisième (1). »

Ainsi, propriété mobilière comme propriété foncière, l'Etat doit scrupuleusement respecter ces deux formes de l'activité humaine : il n'a en aucune manière contribué à les créer. Propriété absolue de l'homme sur son travail et le fruit de son travail, voilà ce que doit garantir avant tout un gouvernement. On ne saurait imposer de barrières quelconques. « *Laissez faire, laissez passer* » ; pas de douanes intérieures, pas de tarifs ni de péages ; liberté du commerce (2), liberté aussi du travail, pas de restrictions au profit d'une certaine caste, plus de corporations ni de jurandes. « Dieu, en donnant à l'homme des besoins, en lui rendant nécessaire la ressource du travail, a fait du droit de travailler la propriété de l'homme et cette propriété est la première, la plus sacrée et la plus imprescriptible de toutes. Nous regardons comme un premier devoir de notre justice et comme un des actes les plus dignes de notre bienfaisance d'affranchir nos sujets de toutes les atteintes portées à ce droit inaliénable de l'humanité (3). »

L'Etat ne saurait intervenir contre le droit de

---

(1) Dupont de Nemours, *loc. cit.*, p. 333.

(2) « Supprimons les droits qui détruisent notre commerce extérieur et qui, en s'opposant à la vente des denrées de notre cru, en abolissent la production ; le tarif de ces droits destructifs s'oppose continuellement au rétablissement du commerce et de l'agriculture ; la perte des fonds produits par ces droits serait rendu au centuple par le commerce et l'abondance. » Quesnay, article inédit sur *Les Impôts* publié par M. G. Schelle dans *Revue d'Histoire des Doctrines économiques et sociales*. 1908, N° 2, p. 167.

(3) Turgot, *Edit de février 1776 sur la suppression des Jurandes*, *loc. cit.*, p. 318.

propriété. Il doit laisser chacun disposer de ses biens comme il l'entend, sans apporter aucune entrave ni aucune limitation au droit de tester. « Les propriétés peuvent être transmises par succession, par donation, par échange ; et comme il est naturel que les enfants et les plus proches parents d'un homme qui meurt prennent possession des biens qu'il laisse, à l'acquisition desquels, l'amour qu'il leur portait et leur propre travail ont souvent concouru et sur lesquels nul autre n'a autant de droit ; comme on ne donne pas sans raison, comme on n'échange que pour son avantage, la société doit garantir ces trois moyens de transmettre des propriétés, de même qu'elle a protégé ceux de les acquérir (1). »

Ces économistes, d'ailleurs, étaient préoccupés de la solution de la question sociale ; par une déduction logique de leurs principes ils rejoignaient les socialistes et se montraient en somme d'accord avec eux pour déplorer l'inégalité et réclamer l'abolition de tous ces privilèges qui gênaient et entravaient si fort la liberté, ce dogme des physiocrates.

Nombre d'économistes déplorent l'inégalité monstrueuse des fortunes et voient dans les institutions féodales la cause de cet état de misère. Au nom de la liberté ils demanderont la suppression des maîtrises et des jurandes, des monopoles, des droits féodaux surtout qui pèsent si lourdement sur la terre et empêchent le paysan de jouir en pleine liberté de son tra-

____

(1) DUPONT DE NEMOURS, *loc. cit.*, p. 333.

vail. « Je ne pense pas, dit Turgot, pour justifier l'abolition de plusieurs de ces privilèges, je ne pense pas qu'on opposât à des arrangements aussi utiles les grands principes sur le respect dû aux propriétés. Ce serait une contradiction bien étrange que ce respect superstitieux pour des propriétés qui dans leur origine sont presque toutes fondées sur des usurpations, tandis qu'on se permet de violer, sous le prétexte d'un bien très mal entendu, la propriété de toutes la plus sacrée, celle qui seule a pu fonder toutes les autres, la propriété de l'homme sur son travail (1). » Quesnay signale le danger que les grandes fortunes font courir à l'Etat. « Les grandes fortunes pécuniaires qui semblent manifester l'opulence de l'Etat n'en indiquent réellement que la décadence et la ruine, parce qu'elles se forment au préjudice de l'agriculture, de la navigation, du commerce étranger, des ouvrages de main-d'œuvre et des revenus du souverain (2). » « Aussi cette sorte de richesse appartient autant à l'Etat qu'aux propriétaires mêmes; ceux-ci n'en ont la jouissance que pour les dépenser. Les propriétaires ne sont utiles à l'Etat que par leur consommation; leurs revenus les dispensent de travailler ; ils ne produisent rien ; si leurs revenus n'étaient pas distribués aux professions lucratives, l'Etat se dépeuplerait par l'avarice de ces propriétaires injustes et perfides. Les lois s'élèveraient contre ces hommes

---

(1) TURGOT, *Edit du Roi portant suppression des Jurandes, loc. cit.*, p. 351.
(2) QUESNAY, art. *Impôts, loc. cit.*, p. 142.

inutiles à la société et détenteurs des biens de
la patrie (1). »

L'influence des physiocrates fut très profonde.
Nous avons déjà rappelé celle qu'ils eurent sur
les théoriciens de l'Ecole de Manchester. Dès
leur époque, leurs doctrines trouvèrent des
adeptes et des admirateurs chez beaucoup de
leurs concitoyens. Dans la grande partie des
écrivains de la seconde moitié du XVIIIe siècle
on trouve des réminiscences non déguisées de
la doctrine physiocratique. Leur influence,
comparable à celle de Rousseau, se fit sentir sur
des auteurs, tel Raynal, qui avaient subi et de
très près l'ascendant du philosophe genevois.

Toute une classe de penseurs peut être également rattachée aux physiocrates par les théories
sociales qu'ils soutinrent, encore qu'ils en soient
souvent fort éloignés par leurs conceptions philosophiques ou politiques : ce sont les *Encyclopédistes*, et pour ne citer que quelques-uns,
Diderot, Helvétius, Condorcet. Faire de tous
les encyclopédistes des disciples de Gournay et
de Dupont de Nemours serait se méprendre.
Dans cette vaste compilation qu'est *l'Encyclopédie* (2) on comprend qu'il y a place pour bien des
systèmes.

L'unité de vue en ce qui concerne les questions
économiques et sociales est loin de régner parmi

(1) QUESNAY, *loc. cit.*, p. 144.
(2) Rappelons que les physiocrates furent parmi les collaborateurs
les plus en vue de l'Encyclopédie : Quesnay y avait donné trois
articles : *Evidence, Fermiers, Grains* ; il en avait préparé quatre
autres : *Fonction de l'âme, Hommes, Impôts, Intérêt de l'argent* ;
mais ils ne parurent pas. Turgot de son côté publia les articles
Foires, Fondations, etc.

tous les collaborateurs. On ne peut nier cependant que les auteurs cités ne soient fortement imprégnés de doctrines physiocratiques. Ils les dépassent, d'ailleurs souvent, en hardiesse ; et leurs déclamations contre la richesse et le luxe peuvent quelquefois les faire prendre pour des précurseurs des plus farouches révolutionnaires. Pour Diderot le droit de propriété est absolu. « Chacun a sa propriété, une portion de la richesse générale dont il est maître absolu, sur laquelle il est roi et dont il peut user ou même abuser à discrétion. Il faut qu'un particulier puisse laisser sa terre en friche, si cela lui convient, sans que l'administration ni la police s'en mêlent. Si le gouvernement se constitue juge de l'abus, il ne tardera pas à se constituer juge de l'us et toute véritable notion de propriété sera détruite (1). » Il célèbre avec enthousiasme Mercier de la Rivière. « C'est l'apôtre de la propriété, de la liberté et de l'évidence. Pour les bons penseurs il n'y a nulle comparaison à faire de son ouvrage et celui de Montesquieu (2). »

Mais Diderot se fait également le défenseur de l'état de communauté qui devait régner à l'état de nature. Pour lui la loi au Pérou, « en établissant (autant qu'il est possible hors de l'état de nature) la communauté des biens, affaiblissait l'esprit de propriété, source des vices (3) ».

Diderot, autant qu'on en peut juger par ses

(1) DIDEROT. *Œuvres*, t. VI, p. 449.
(2) DIDEROT, *Œuvres*, t. XVIII, p. 259.
(3) *Encyclopédie du* XVIIIe *siècle*, art. *Législation*.

œuvres, fort nombreuses et d'inspiration toute différente, paraît pencher pour une doctrine qui tiendrait le milieu entre celle de Rousseau et celle des physiocrates. « Si Rousseau, dit-il, au lieu de prêcher le retour à la forêt, s'était occupé d'imaginer une espèce de société, moitié civilisée, moitié sauvage, on aurait eu, je crois, bien de la peine à lui répondre (1). » « Les législateurs anciens n'ont connu que l'état sauvage. Un législateur moderne, plus éclairé qu'eux, qui fonderait une colonie dans quelque coin reculé de la terre, trouverait peut-être entre l'état sauvage et notre merveilleux état policé un milieu qui fixerait l'homme civilisé entre l'enfance du sauvage et notre décrépitude (2). » Faut-il rappeler ici le *Supplément au Voyage de Bougainville* dans lequel Diderot soutient le communisme le plus éhonté et le plus scandaleux ? Citons seulement un passage qui suffira à faire juger du ton et de l'esprit de l'ouvrage. « Nous sommes innocents, nous sommes heureux, nous suivons le pur instinct de nature. Ici tout est à tous et tu nous as prêché je ne sais quelle distinction du tien et du mien. Nos filles et nos femmes sont communes, nous sommes libres ; laissez-nous nos mœurs, elles sont plus sages et plus honnêtes que les vôtres. Nos amours libres et sans honte ne sont que l'expression d'un besoin naturel et d'un sentiment vrai qui n'a rien de coupable (3). »

(1) Diderot, *Œuvres*, t. II, p. 431.
(2) Diderot, *Œuvres*, t. II, p. 431.
(3) Diderot, *Œuvres*, t. II, p. 214. L'auteur donne ici la parole à des sauvages qui vantent auprès de Bougainville la supériorité de leurs mœurs et de leur civilisation.

L'influence des physiocrates s'est peut-être fait
sentir également sur Helvétius. Il semble que
l'on rencontre dans certains passages de ce philosophe quelques idées chères aux disciples de
Gournay : la supériorité de l'agriculture sur
l'industrie paraît en particulier avoir frappé
Helvétius. « Quand la population d'un Etat croît
et que la culture des terres ne suffit plus à l'occuper, il faut que l'homme sans propriété fasse
quelque chose, en échange de quoi ses concitoyens fourniront à ses besoins. Il s'élève alors
des manufactures inutiles auparavant. Alentour
se formeront des villes où viendront les riches
et naturellement les pauvres ici pour qu'ils y
trouvent plus facilement à s'occuper. A mesure
que la population s'accroîtra l'indigence aug-
mentera également (1). » Il se montre également
scrupuleux gardien de la propriété. Sans doute
le seul remède à la maladie du corps social serait
« de multiplier le nombre des propriétaires et
de faire un nouveau partage des terres. Mais
ce partage est toujours difficile à faire. En
outre il a l'inconvénient de violer le droit de
propriété qui est la plus sacrée des lois ; sa conservation est le bien moral des empires. C'est
elle qui a réuni les hommes. Elle est de ces lois
sans lesquelles il est pour ainsi dire impossible
que la société subsiste (2). » Il faut désirer que
ce bienfait si important, si nécessaire à la vie
des nations se répande davantage chez nous

---

(1) Diderot, *Œuvres*, t. IV, p. 91.
(2) Helvétius. *De l'homme, Œuvres*, t. V, p. 21.

en diminuant dans la mesure du possible les trop grandes inégalités.

Parmi les écrivains qui ont également subi l'influence des physiocrates nous citerons encore Condorcet. Jusqu'à la Révolution ce philosophe est féru des idées de Gournay et de Dupont de Nemours. Il publie une *Vie de Turgot* et proclame la nécessité et l'importance du droit de propriété individuelle. « Les lois règlent la manière d'exercer ce droit, mais ce n'est pas des lois qu'on le tient (1). »

Raynal se montre aussi, dans de nombreux passages de son *Histoire philosophique et politique des Etablissements et du Commerce des Européens dans les deux Indes*, partisan, et partisan enthousiaste, des physiocrates. Pour lui la propriété est un droit sacré et imprescriptible. « C'est un bienfait que de l'apporter aux sauvages. La société est essentiellement bonne. On a pu faire la satire des premiers fondateurs de nations par la supposition d'un état sauvage idéal et chimérique. Jamais les hommes ne furent isolés comme on les montre. Ils portaient en eux un germe de sociabilité qui tendait sans cesse à se développer. Sans doute il y a chez nous des monstres, qui, possesseurs d'une abondance qui suffirait à deux ou trois mille familles, ne sont occupés que d'en accroître la misère. Je n'en bénirais pas moins la force publique qui garantit le plus ordinairement ma personne et mes propriétés (2). »

(1) Condorcet, *Œuvres*, t. v. p. 179.
(2) Raynal, *Hist. phil.*, l. xiii, ch. 22.

Il est vrai que cet éloge de la propriété ne tarde pas à recevoir de Raynal de singulières restrictions. « A voir les maux produits par l'or, ne vaudrait-il pas mieux que les nations fussent demeurées sédentaires, isolées, ignorantes et inhospitalières (1). » « Je me demande si le droit, sacré sans doute, de propriété n'a point de limites ? Si ce droit n'est pas dans mille circonstances sacrifié au bien public ? Si celui qui possède une fontaine peut refuser à boire à celui qui a soif (2). »

Il n'y a rien d'ailleurs dans ce passage qui contredise formellement le droit inviolable de propriété tel que l'a défini plus haut Raynal. Il est à peine besoin de rappeler ici que la théologie catholique avec saint Thomas, tout en déclarant sacré le droit de propriété, n'est pas cependant sans reconnaître la légitimité de certaines dérogations à ce droit quand il s'agit d'un besoin nécessaire et juste. « D'après saint Thomas, l'homme ne doit jamais considérer les faits de sa gestion des biens terrestres comme sa propriété mais comme le bien commun de tous ; par conséquent il doit se tenir prêt à en faire participer les autres selon qu'ils en ont besoin. » « Les théologiens catholiques sont unanimes à enseigner que le droit de propriété n'a pas une extension telle qu'il puisse être invoqué même à l'égard du prochain en danger de mourir de faim (3). » Ces deux citations si ex-

(1) RAYNAL, *Hist. phil.*, l. XIX, ch. 43.
(2) RAYNAL, *Hist. phil.*, l. XIX, ch. 43.
(3) GOYAU, *Ketteler*, éd. Bloud, p. 108.

plicites de Mgr Ketteler nous dispensent d'insister plus longuement sur ce point (1). On voit en somme combien l'influence de l'école physiocratique avait été profonde. C'est peut-être qu'elle présentait aux yeux de certains l'incomparable prestige de se présenter comme basée sur les faits et construite avec une rigueur toute scientifique, au lieu d'être, comme les autres conceptions des philosophes, bâties *à priori* et issues des rêveries de soi-disant économistes. La grande nouveauté du système était de réclamer la liberté et de prétendre, au nom de cette liberté et en s'appuyant uniquement sur elle, supprimer tous les malheurs de l'humanité. Elle ne veut pas, et c'est là son originalité, du secours de l'Etat en qui la plupart des philosophes voyaient le régénérateur et le sauveur.

(1) Cf. sur les principes de la théologie catholique sur la question de la propriété : L. GARRIGUET, *Régime de la propriété*, 1908.

CHAPITRE HUITIÈME

Les adversaires des physiocrates.

Les physiocrates dont nous avons, au chapitre précédent, esquissé le système et essayé de déterminer l'influence, eurent en outre une certaine importance dans l'élaboration des doctrines socialistes par les systèmes adverses auxquels leurs théories donnèrent naissance.

Nous avons déjà cité le nom de Mably. D'autres économistes s'attachèrent plus spécialement à faire la critique de l'école de Gournay. Ils empruntèrent au système même qu'ils combattaient une certaine rigueur scientifique, qui les fait considérer par beaucoup comme les ancêtres de nos socialistes modernes. Rouanet appelle Graslin « un socialiste avant la lettre(1) », quant à Linguet, « il se rapproche des socialistes industriels modernes plus que la première école

(1) Rouanet, *Revue socialiste*, 1885, t. I, p. 191.

socialiste française, et c'est un de nos écrivains antérieurs à 1789 dont on puisse dire avec quelque fondement qu'il est plutôt un précurseur de Karl Marx qu'un ancêtre de Fourier ou de Cabet (1) ».

Pour le brillant journaliste, la propriété est le fondement de la société actuelle ; mais l'état de nature qui n'admettait pas ce droit a été violé pour son établissement. « L'avarice et la violence ont usurpé la terre, de sorte que la possession la plus légitime, la plus sacrée aujourd'hui, porte, par un bout, sur l'usurpation la plus criante (2). » « La société est née de la violence, et la propriété, de l'usurpation (3). » On comprend qu'avec un tel fondement la propriété n'a pas dû avoir une influence bienfaisante sur la civilisation des peuples. Linguet n'est pas loin d'y voir, avec Morelly et Mably, la source de tous les maux qui ont désolé par la suite l'humanité. « Du moment que l'esprit de propriété a commencé à s'emparer des âmes, il les a rétrécies, matérialisées pour ainsi dire. Il les a fermées presque à tout autre motif qu'à l'intérêt (4). » Il est inutile d'ailleurs d'essayer de guérir le mal; le remède serait pire et causerait infailliblement la mort du malade. « C'est le fer d'une lance qui

---

(1) LICHTENBERGER, *loc. cit.*, p. 305.

(2) LINGUET, *Théorie des lois, Œuvres*, t. I, p. 301.

(3) LINGUET, *Théorie des lois, Œuvres*, t. I, p. 352.

(4) LINGUET, *Théorie des lois, Œuvres*, t. II, p. 390.

est resté dans la plaie. On ne saurait l'en arracher sans ôter la vie au blessé (1). »

Tout ce qu'on peut faire, c'est d'essayer d'apporter quelque soulagement à la misère du plus grand nombre. Jamais, en effet, le poids du fardeau social n'a été si lourd pour les petits. Linguet prend en main la cause du travailleur manuel. Il fait de la situation du manouvrier un tableau saisissant qui constitue une attaque très vive contre la société de son temps. On y trouve mainte réflexion piquante dont la justesse frapperait encore aujourd'hui. Il montre comment la situation misérable du travailleur loin de s'améliorer tend au contraire à devenir pire, car son salaire devient de jour en jour moins considérable. « L'insuffisance même de la paye du journalier est une raison pour la diminuer. Plus il est pressé par le besoin, plus il vend bon marché ; plus la nécessité est urgente, moins son travail est fructueux. Les despotes momentanés qu'il conjure en pleurant d'accepter ses services ne rougissent pas pour ainsi dire de lui tâter le pouls, afin de s'assurer ce qui lui reste de force (2). » Linguet fait le procès des physiocrates qui ne voulaient voir dans l'homme qu'un acheteur. Il y a aussi, dit Linguet, un consommateur. Prétendre ignorer cela, c'est une maxime affreuse en ce qu'elle compromet l'existence de ce journalier ; il n'a à vendre que le loyer de ses bras

----

(1) LINGUET, *Théorie des lois*, t. I, p. 93.

(2) LINGUET, *Annales*, t. 1, p. 98.

dont on peut se passer deux jours, trois jours,
et on lui vend du pain dont il ne peut se passer
vingt-quatre heures (1). » On prétend, dit l'auteur, que les contrats de propriétaires à ouvriers
sont conclus librement ; ils le seraient si ces
derniers pouvaient demeurer quelques jours
sans travailler pour se rendre nécessaires et
poser leurs conditions sur un pied d'égalité.
Mais ils ne le peuvent et la nécessité de manger
les oblige à céder. S'il ne travaille pas aujour-
d'hui, à tout prix, il sera dans deux jours mort
d'inanition, mais le retranchement qu'a subi
hier sa solde est une raison pour la diminuer
demain (2). » Aussi le chiffre des salaires est-il
devenu cruellement modique et il résulte des
observations que l'on peut faire, que le travail
libre est infiniment moins cher que le travail
esclave. « Le manouvrier libre ne se paie
que comme homme : c'est-à-dire très peu de
chose ; mais l'esclave coûte presque autant
qu'un cheval : ce qui le rend bien autrement
précieux et qui donne une tout autre cherté aux
fruits de son travail ; car, ne cessons de le redire
malgré les glapissements des volières philosophiques, ce qui peut arriver de plus favorable à
tout être portant la figure d'homme mais
condamné à gagner sa vie par l'emploi de ses
bras, c'est d'être élevé à peu près au rang de
bidet (3). »

---

(1) Linguet, *Du blé et du pain*, Londres, 1774, p. 85.
(2) Linguet, *Annales*, t. VII, p. 216.
(3) Linguet, *Annales*, t. VII, p. 217.

Il attaque très vivement la théorie des physiocrates sur un autre point. Il prétend démontrer
contre eux que l'agriculture, loin d'être la plus
productive des lois du travail, ne fait au contraire
qu'accroître la misère du peuple. « Chaque sac de
blé arraché à la terre y fait germer un pauvre (1). »
Il s'élève aussi contre la liberté absolue du commerce. Les physiocrates prétendent que lorsque
le blé augmente de prix les dépenses du propriétaire se proportionnent aux prix des denrées.
« Erreur, dit Linguet ; de ces deux raisonnements le premier est une méprise affreuse et le
second est une bien terrible fausseté. On ne paye
le pauvre qu'après qu'il a payé, et c'est de son
nécessaire physique que se forme le superflu
dont on lui rend suivant vous, avec le temps, une
partie (2). » Qu'on ne dise pas que c'est violer
la propriété que d'exiger du propriétaire qu'il
cède son blé pour un prix qui ne lui convient
pas : « Tout être vivant a un titre pour exiger
des aliments : ses dents et son estomac, voilà sa
patente, il la tient de la plus respectable des chan-
celleries ; son premier devoir, c'est de veiller à sa
conservation ; la société a pu restreindre ce
droit mais non l'anéantir. De là suit, d'une part,
pour les propriétaires des objets nécessaires à la
vie, la défense de pousser la rigueur de leurs
droits et le principe exclusif de leur possession,
au point d'exposer à mourir de faim ceux qui
n'en possèdent aucune, et de l'autre, pour les gou-

(1) LINGUET, *Annales*, t. V, p. 117.
(2) LINGUET, *Annales*, t. VII, p. 213.

vernements, l'obligation de veiller à ce que l'avarice des uns ne puisse jamais compromettre l'existence des autres (1). »

Le célèbre ministre Necker est avec Linguet le plus terrible adversaire des physiocrates. Son livre sur *la Législation et le commerce des grains* n'est au fond qu'une attaque en règle contre le système de Gournay. Les physiocrates, malgré leur habileté, eurent du mal à se défendre du coup direct qu'avait porté à leur théorie le banquier genevois. « Ce n'est pas, dit Necker, la quantité d'argent qui s'accumule ou circule dans un pays qui en fait le bonheur. Si l'égalité politique, système social qu'on a toujours envisagé comme le plus conforme à la félicité publique, pouvait exister, l'Etat où elle régnerait recevrait très peu d'argent du dehors. C'est l'inégalité des fortunes qui donne tant d'étendue à cette puissance et à cette volonté de thésauriser (2). » L'idéal, en effet, serait que le territoire fût partagé en petits lots et que chaque citoyen en possède au moins un. Chacun aurait le nécessaire assuré et il n'y aurait pas de superflu.

Malheureusement il n'en est rien : « Les petites propriétés tendent plutôt à se rassembler qu'à se diviser (3). » Necker signale après tant d'autres la fameuse loi d'airain et montre que les propriétaires ont une tendance constante à limiter le salaire au strict nécessaire de l'ouvrier.

(1) LINGUET, *Annales*, t. VII, p. 203.
(2) NECKER *Législation*, p. 27.
(3) NECKER, *Législation*, p. 167.

Après Linguet, il attaque la théorie des physiocrates sur le bien-être que devait faire régner
parmi les ouvriers le relèvement du prix du blé.
« Si un enchérissement momentané du blé sti-
mule momentanément l'agriculture, il n'en est
pas moins comme une capitation immense et
douloureuse imposée momentanément sur tous
les hommes de travail au bénéfice de tous les
hommes à propriété (1). » « Il s'établit entre ces
deux classes une sorte de combat obscur mais
terrible où l'on ne peut compter le nombre des
victimes. Il faut que les ouvriers travaillent aujourd'hui sous peine de mourir demain, et dans
ce combat d'intérêt entre le propriétaire et l'ouvrier l'un met en jeu sa vie et celle de sa famille,
l'autre un simple retard dans l'accroissement de
luxe (2). » Il est donc nécessaire que l'Etat inter-
vienne pour garantir au travailleur sa subsistance, et il le fait d'une façon légitime. « La
propriété héréditaire est une loi des hommes :
elle fut établie pour leur bonheur et c'est à cette
condition qu'elle est maintenue. Aujourd'hui
même que les propriétés sont établies d'une
manière irrévocable, si la subsistance des hommes n'était pas fixée par la nature et qu'il fût
possible au propriétaire de trouver leur plaisir
à consommer la nourriture d'un millier d'hommes, les privilèges de la société ne pourraient
se soutenir et les lois qui les garantis-

(1) NECKER, *Législation,* p. 86.
(2) NECKER, *Législation*, p. 87.

sent ne tarderaient pas à être enfreintes (1). »

L'intervention de l'Etat est donc des plus légitimes. Le droit de propriété est sacré tant qu'il ne va pas directement à l'encontre de l'idée qui a présidé à sa formation. Mais dès que, s'autorisant de ce droit, les hommes veulent profiter de cette propriété pour vivre dans le luxe et la mollesse, et priver ainsi un grand nombre de leurs semblables du nécessaire, l'Etat peut et doit intervenir pour rétablir l'ordre.

Graslin, dans son *Essai analytique sur la richesse et sur l'impôt,* se montre également un adversaire des physiocrates. Il se place, il est vrai, sur un autre terrain. C'est sur la question de l'impôt qu'il attaque l'*Ecole*. On se rappelle que les physiocrates, voyant dans la terre la source unique de la richesse, déclaraient que c'était elle qui devait également supporter toutes les charges, de là la demande d'un impôt pesant exclusivement sur les biens-fonds.

Graslin au contraire se montre partisan de l'impôt progressif sur le revenu. Il ne saurait s'agir, comme certains l'ont voulu, d'établir un impôt proportionnel au revenu. Cet impôt ferait peser sur le pauvre une charge beaucoup plus considérable que sur le riche : « Un pauvre payant 50 livres pour 200 livres de revenu est plus lésé qu'un riche payant 25.000 livres pour 100.000 livres de revenu (2). » « Il faudrait, pour

<hr>

(1) Necker, *Législation,* p. 173.

(2) Graslin, *Essai analytique...,* p. 283.

avoir une juste répartition, faire une infinité de classes et si la plus riche donnait un quart de son revenu les classes subséquentes devraient payer une moindre portion du leur, telle qu'un cinquième, un huitième, un vingtième en diminuant ainsi la quotité jusqu'à ce qu'on fût arrivé à la classe de ceux qui ne doivent rien parce qu'ils n'ont que le nécessaire physique (1). »

Graslin reconnaît d'ailleurs qu'un pareil impôt serait brutal et sujet à l'erreur, cependant il formule le principe dans toute sa netteté. « La loi générale de l'impôt est qu'il doit augmenter dans une proportion toujours croissante de l'aisance du contribuable, c'est-à-dire qu'il doit être plus que double si l'aisance est double (2). »

Tifaut de la Noue, dans ses *Réflexions philosophiques sur l'impôt,* discute lui aussi le principe de l'impôt tel que l'ont conçu les physiocrates. L'auteur résume ainsi ses propositions : « Un droit progressif sur les denrées en raison de leur approximité du besoin ou du luxe ; un droit dans une progression pareille sur tous les autres objets ; une capitation progressive dans la même raison ; un impôt sur la partie des immeubles qui n'est que luxe ou richesse décidée ; une taxe sur les rentes solides et fixes me paraissent les profits les plus robustes sur lesquels puissent rouler l'impôt (3). »

---

(1) GRASLIN, *Essai analytique...,* p. 281.
(2) GRASLIN. *Essai analytique...* p. 305.
(3) TIFAUT DE LA NOUE, *Réflexions philosophiques....,* p. 72.

D'autres auteurs : l'abbé Legros, Béardé de l'Abbaye, etc., attaquèrent de leur côté les doctrines des physiocrates.

On n'a pas manqué d'être frappé par la vivacité de leurs attaques contre la société. En même temps, les deux plus célèbres adversaires de Quesnay, Linguet et Necker, présentent un côté original. Ce sont dans leurs ouvrages que nous avons relevé les premiers plaidoyers en faveur des ouvriers. « Les critiques des adversaires des physiocrates rappellent ainsi très souvent celles de nos socialistes modernes, et leur langage bien plus que celui des socialistes moraux de l'époque ressemble au leur (1). » A mesure que la Révolution va approcher, les plaintes et les attaques du *quatrième état* vont se préciser et augmenter de violence.

(1) LICHTENBERGER, *loc. cit.*, p. 323.

CHAPITRE NEUVIÈME

Le Socialisme prérévolutionnaire.

Les années qui précèdent immédiatement celle de la réunion des *Etats généraux* sont fécondes en productions littéraires de toute nature. Chacun, à l'approche de 1789, surtout quand la convocation des Etats généraux est chose décidée, a ses critiques à faire, son remède à indiquer. Journalistes, philosophes, économistes, tous publient brochures et pamphlets pour défendre leurs conceptions ou attaquer celles de leurs adversaires. En cette époque enfiévrée « on fabrique, dit un contemporain, des brochures comme des gaufres », et l'on a pu estimer à quatre mille au moins le nombre de ces écrits depuis 1787. Quoi d'étonnant que dans cette multitude de publications nous trouvions pour le sujet qui nous occupe plus d'une idée à glaner. Elles nous font connaître l'état des esprits à l'approche de la révolution, qui allait opérer, pour résoudre la question sociale, un bouleversement que la plupart des penseurs du XVIIIe siècle n'auraient osé espérer ni prévoir.

Le ton de ces brochures varie beaucoup selon le tempérament de leur auteur ; certaines sont âpres et violentes : on y retrouve l'accent du curé Meslier ; d'autres sont modérées et à la sensiblerie de Rousseau allient la prudence de Montesquieu.

Parmi ces dernières les plus célèbres sont : le *Principe fondamental du droit des souverains* et *La monarchie parfaite,* toutes deux dues à la plume de Leroy de Barincourt. Pour Leroy, la propriété est sortie de la société et, garantie par elle, peut recevoir de cette dernière les modifications propres à assurer le bonheur au plus grand nombre. « Quel serait donc le vœu positif de la nation réellement assemblée ou du moins de la grande majorité ? Ce serait qu'on réunît en masse toutes les propriétés et qu'on en fît le partage égal ou que la communauté naturelle des dons du créateur fût rétablie (1). » Mais Leroy ne demande pas qu'on en vienne à cette extrémité, l'ordre des propriétés ne saurait en ce moment être transformée sans causer de grands troubles.

Le pauvre diable qui a écrit sa *Vie* et ses *Doléances* critique aussi assez vivement l'assiette de l'impôt qui devrait être établi sur d'autres bases : « Les impôts devraient être en proportion géométrique ascendante avec les fortunes et croître avec les degrés du superflu (2). » Il

____

(1) Leroy de Barincourt, *Monarchie parfaite*, p. 42.
(2) *Vie et Doléances*, p. 34.

s'élève contre les machines et se plaint que leur introduction dans l'industrie et l'agriculture ont causé le malheur d'un grand nombre d'ouvriers en les privant de leur gagne-pain. Il n'est pas jusque dans l'économie domestique où ces machines n'aient causé un grand tort aux pauvres gens, et le *pauvre diable* prononce la condamnation assez inattendue du tournebroche. « Je ne me représente pas même un tournebroche dans la cuisine du riche que je ne me dise : sans cette jolie invention un pauvre petit malheureux qui meurt de froid et de faim dans la rue serait là bien chauffé et aurait à souper (1). »

Déjà d'ailleurs nous trouvons percer çà et là les doléances de ceux qui constituent ce que l'on appellera plus tard le quatrième état. L'auteur des *Vœux de la dernière classe du peuple à l'assemblée des notables* représente que les premières classes de la société seront appelées à cette assemblée : « mais qui y prendra la défense des intérêts de la dernière classe du peuple? de ces sujets qui n'ont ni propriété, ni richesse d'aucune sorte, ni état, ni droits, autres que ceux de la nature, si restreints, soit par la constitution de l'Etat, soit par le droit positif ou par divers règlements qui en empêchent ou gênent l'exercice, de ces sujets enfin, qui, n'ayant de ressources pour subsister que l'emploi de leurs forces et de la plus commune industrie, ne vivent que précairement des gages et des

(1) *Vie et Doléances,* p. 56.

salaires qu'ils gagnent journellement (1). » Pour élever la situation misérable de ces travailleurs, l'Etat devra établir un minimum de salaire dans les ateliers qu'il créera pour procurer du travail à tous.

Citons encore les *Cahiers du quatrième ordre: celui des pauvres journaliers, des infirmes, des indigents, etc., de l'ordre des infortunés.* L'auteur, Dufourny de Villiers, y revendique d'une façon énergique l'amélioration des classes misérables. Ces réclamations du quatrième état devaient quelquefois, à n'en pas douter, devenir quelque peu alarmantes pour les propriétaires, et c'est de ces craintes que se fait l'écho l'auteur des *Quatre cris d'un patriote :* « Il est à craindre que la multitude pauvre, proscrite par l'avide égoïsme des propriétaires, ne foule aux pieds les titres inhumains de la propriété. Nourrissez le peuple, ouvrez des ateliers, donnez des terres à défricher. Garantissez les propriétaires de l'insurrection terrible et peu éloignée de vingt millions d'individus (2). »

Cette crainte ou cette menace devait avoir sa réalisation peu de temps après. Les brigandages de toutes sortes qui eurent lieu, dans les campagnes contre les châteaux, après la prise de la Bastille, ne devaient que trop donner raison à ce pessimisme de l'auteur. C'est qu'aussi bien toutes les brochures étaient loin de garder sur la question

(1) *Vœux de la dernière classe,* p. 2-3.

(2) *Les quatre cris d'un patriote,* p. 586.

de propriété la modération de Leroy. Certaines sont extrêmement violentes et réclament un bouleversement complet et l'établissement d'un nouvel ordre social avec plus de justice et d'égalité.

Ch.-B. Gosselin fait à son tour le procès de la société et veut apporter remède aux maux dont souffrent ses concitoyens : « Je dirai tout uniment, déclare-t-il, que le plus court moyen de détruire l'inégalité serait de remettre tous les biens en commun afin d'en faire un partage égal à l'exemple du législateur de Sparte. Chacun vivrait heureux de sa part (1). » Mais, dira-t-on, cette égalité de biens ne peut être établie sans dépouiller une partie du genre humain de ce qu'elle considère comme sa très légitime propriété. Notre communauté reposera donc sur une injustice et une violation flagrante des droits individuels. « Que celui qui fera cette objection, répond Gosselin, se mette à la place du pauvre et bientôt il cessera de crier (2). » Cependant notre auteur ne se contente pas de cet argument *ad hominem* dont il comprend que bien peu de ses contemporains voudraient user. Il légitime à son tour cette violation par l'intérêt général, et il rappelle que les hommes ne sont pas propriétaires de leurs terres mais simplement les usufruitiers : « Vous vous trompez,

(1) Gosselin. *Réflexions d'un citoyen adressées aux notables...*, p. 23.

(2) Gosselin. *Réflexions d'un citoyen adressées aux notables...*, p. 24.

faibles mortels, la terre n'est point à vous en propre, elle est à Dieu et, vous n'en êtes que les usufruitiers ! Or l'usufruitier ne peut aliéner le
domaine qui lui est confié. Vous êtes frères,
vous devez donc le partager également (1). »
Pour arriver à établir l'égalité des fortunes,
Gosselin propose quatre moyens : on reprendra
ce qui appartient manifestement à la communauté, c'est-à-dire les friches et les landes ; on
partagera également les biens domaniaux ; ceux
du clergé auront le même sort, et enfin dix
millions seront inscrits chaque année au budget
de l'Etat pour permettre de racheter les grands
domaines qui seront distribués en parties égales.

Maréchal se montre davantage socialiste, et
dans ses *Apologues modernes à l'usage d'un
Dauphin* fait entendre parfois des menaces non
déguisées. « Nous sommes trois contre un,
disent les travailleurs aux riches, notre inten-
tion est de rétablir pour toujours les choses sur
leur ancien pied, sur l'état primitif, c'est-à-dire
sur la plus parfaite et la plus légitime égalité.
Mettons la terre en commun entre tous ses habitants. Que s'il se trouve parmi vous quelqu'un
qui ait deux bouches et quatre bras, il est trop
juste, assignons-lui une double portion. Mais si
nous sommes tous faits sur le même patron,
partageons le gâteau également et mettons tous
la main à la pâte (2). »

(1) GOSSELIN, *Plan d'Education*, p. 122.
(2) MARÉCHAL, *Apologues...*, p. 31.

C'est surtout dans les écrits de Babeuf que nous trouvons les idées les plus révolutionnaires. Caïus-Gracchus Babeuf, qui devait acquérir tant de célébrité, avait commencé à préluder au rôle qu'il devait jouer sous la Révolution dès 1787. Ce « commissaire à terriers » de la ville de Roye trouva sans doute dans l'exercice même de sa charge les raisons de son socialisme. Les leçons de son père Babeuf dit l'Epine, ancien précepteur de Joseph II, avaient probablement jeté dans l'âme du futur tribun les germes de ses idées sociales que l'étude et la réflexion devaient développer. Babeuf formule déjà, avant 1789, les principales idées qui feront le succès et aussi la perte de la fameuse société des Egaux. La richesse doit être répartie d'une façon égale entre tous ; tout doit être commun jusqu'aux produits de tous les genres d'industrie. Qu'on ne dise pas à Babeuf, pour l'arrêter, qu'une révolution est nécessaire pour réaliser son système ? Peu lui importe et il envisage de sang-froid un branle-bas général : « Il faudrait probablement pour cela que les rois déposent leurs couronnes, et toutes les personnes titrées et qualifiées, leurs dignités, leurs emplois et leurs charges ! Qu'à cela ne tienne ! Il faut pour opérer une grande révolution exécuter de grands changements (1). »

Rappelons-nous, en tous cas, que l'égalité est la loi de nature que nous devons nous préoccuper de restaurer. « La terre, mère commune,

____

(1) *Correspondance de Babeuf avec Dubois de Fosseux*, cité par Espinas, *Philo. soc. au* xviiie *siècle*, p. 203.

n'eût pu n'être partagée qu'à vie, et chaque part rendue inaliénable, de sorte que le patrimoine individuel de chaque citoyen eût toujours été assuré et imperdable. Aussi c'est illégitimement que tout homme jouit d'un bien-être disproportionnément supérieur à celui de la part d'avantages, qui lui revient dans les rapports des produits de son pays qu'il habite, combinés avec le nombre d'habitants de ce même pays (1). »

Indépendamment de ces brochures de toutes sortes, il est encore une catégorie d'écrits qu'il nous reste à étudier rapidement. Cela nous conduira ainsi jusqu'à la date que nous avons fixée comme terme de notre travail : ce sont les *Cahiers des Etats Généraux*.

Dans ces cahiers où tant de questions sont abordées, nous nous bornerons à indiquer rapidement ce qu'on peut y trouver de socialisme, en examinant quelle est sur la question de la propriété et des droits féodaux l'opinion des rédacteurs.

« Nous sommes véritablement serfs, esclaves des seigneurs, de vrais esclaves par les droits qu'il nous faut payer ; la féodalité est notre plus grand fléau, la nécessité de l'abolir est urgente (2). » Voilà ce que toutes les paroisses ne cessent de redire. C'est contre cette féodalité que réclament les cahiers du tiers. Le clergé d'ailleurs s'associe en beaucoup d'endroits aux

(1) BABEUF, *Cadastre perpétuel*, p. XXXIII.
(2) CHAMPION, *la France d'après les cahiers de 1789*, p. 139. Tiers de Vannes ; de Rennes. Cahiers d'Auxerre ; du Béarn.

doléances du tiers. Il constate que les droits seigneuriaux portent de très graves atteintes à la propriété, qu'ils sont peut-être la principale cause de misère des paysans, que « la barbarie féodale maintient les populations et l'agriculture dans un engourdissement mortel (1) ». La noblesse elle-même dans quelques bailliages reconnaît que la première mesure à prendre en faveur des campagnes est de supprimer les restes de la féodalité. « La noblesse du bailliage de Dourdan, intimement convaincue de la nécessité de protéger l'agriculture, demande 1° qu'on s'occupe des moyens de faire disparaître autant que possible les traces du régime féodal (2). » On demande aussi la liberté de l'industrie. On se prononça d'une façon quasi unanime contre les maîtrises et les jurandes. Ce sont des privilèges comme ceux de la noblesse, et contre eux on réclame également au nom de la liberté humaine et de l'égalité qui doit régner entre tous. Le tiers de Domfront explique que rien ne nuit plus au développement des arts que le monopole destructeur exercé par les corps de métiers sous le nom d'apprentissage et de maîtrise : « Tout homme tient de la nature le droit d'user de ses dons, il est *comptable* de l'usage qu'il en fait envers la société ; mais il voudrait en vain s'acquitter de ce devoir si au don du génie il ne joint celui de la fortune. Il n'a pas la liberté de choisir la profession qui lui

(1) CHAMPION, *La France d'après les cahiers de 1789*, p. 139. Clergé de Provins ; de la Haute-Marne.
(2) CHAMPION, *La France d'après les cahiers de 1789*, p. 151.

convient ; l'ignorance privilégiée a acheté le droit de le réduire à l'inaction (1). » Le clergé de Châtellerault réclame aussi la liberté du travail : « Presque tous les garçons sortis d'apprentissage, ayant épuisé le gain de leur jeunesse par l'achat d'une maîtrise, n'ont que la ressource d'un emprunt souvent usuraire pour acheter les outils nécessaires ; ils sont écrasés du poids de ce contrat (2). » Ainsi donc voilà des demandes précises de réformes qui laissent loin les dissertations plus ou moins nébuleuses des théoriciens du socialisme. Mais qui oserait affirmer, à coup sûr, que ce ne sont pas ces théories elles-mêmes qui ont développé dans le peuple le sens des maux dont il souffrait, et lui ont fait clairement apercevoir les remèdes à apporter à sa situation misérable. Aussi ces cahiers nous apparaissent comme formant le trait d'union entre les théories du xviii° siècle, dont ils sont quelquefois la synthèse, et les actes de la Révolution, qui ne sont souvent que la réalisation des demandes formulées par les cahiers.

(1) CHAMPION, *loc. cit.*, p. 156.
(2) CHAMPION, *loc. cit.*, p. 157.

CONCLUSION

Le Socialisme au dix-huitième siècle.

L'étude que nous venons de faire nous donne, il nous semble, le droit de parler de *socialisme au dix-huitième siècle*. Sans doute, et nous en avons déjà expliqué la raison, ce socialisme diffère sur beaucoup de points du socialisme moderne. Il n'a pas la même méthode rigoureuse, il est davantage théorique, il n'a pas non plus le même objet, la question ouvrière ne le préoccupe que fort peu, il a des tendances beaucoup plus individualistes que collectivistes, encore que le communisme paraisse à certains comme le seul remède. On ne peut nier cependant que la question sociale n'ait fait l'objet des préoccupations d'un grand nombre d'esprits au dix-huitième siècle.

Rendre la propriété exempte de toutes les

charges féodales qui pesaient sur elle, tel était, nous l'avons vu, le problème qui se posait. *Modifier le régime de la propriété dans le sens de la liberté et de l'égalité*, telles sont bien les préoccupations des philosophes et des économistes que nous avons étudiés.

La majeure partie est unanime pour reconnaître les maux dont souffrait la société. Le remède le plus généralement indiqué est dans un changement du régime de la propriété, que beaucoup rendent responsable de l'état de malaise où se trouve le peuple. Aussi la théorie de la propriété, création de l'Etat, fait fortune et est acceptée par tous les philosophes. Si c'est un contrat qui a créé la société, qui empêche ceux qui l'ont conclu, ou la majorité, de revenir sur ce qui avait été décidé, et d'apporter un peu plus de justice avec moins d'inégalité dans la répartition des fortunes. Il convient au moins, si le retour à l'état de nature, si l'égalité communautaire des biens ne peut revivre dans le paradis terrestre retrouvé, de diminuer cette inégalité et de prendre les mesures les plus propres pour assurer à tous ceux qui veulent travailler les moyens de ne pas mourir de faim. De là le désir d'un impôt progressif sur le revenu, destiné à répartir les charges d'une façon plus équitable, l'établissement de lois sévères sur les successions, avec fixation d'un maximum. On demande de rendre le désir de la propriété illusoire en créant des lois somptuaires qui la rendront presque impossible ou qui du moins auront pour résultat de la diminuer en peu de temps. On donnera la liberté aux cultivateurs en supprimant les droits féodaux.

Pour obvier à l'inconvénient des grandes propriétés laissées en friches, on réclamera pour ceux qui cultivent la terre de leurs mains le droit exclusif de propriété. « Il faudrait que les terres ne fussent possédées que par ceux qui la cultivent, dit d'Argenson. Ceux-ci ne devraient avoir à cultiver que ce que comporte l'étendue de leurs soins (1). » « La propriété du champ, c'est la culture, renchérit Mercier. L'esprit de la loi qui établit la propriété des terres n'a pu être autre que de payer le travail du cultivateur. Il est évident que la loi n'a jamais pu avoir en vue de donner à des citoyens le droit de rendre inutiles, s'ils veulent, les terres de l'Etat en ne les cultivant pas. Il paraît par là qu'on doit perdre le droit sur une terre, quand on la laisse tomber en friche, et le propriétaire devrait être tenu d'abandonner au premier occupant les terres qu'il aurait de trop. Car comment ose-t-on posséder plus de champs qu'on n'en peut cultiver (2) ? »

Beaucoup d'écrivains demanderont ou du moins laisseront entrevoir comme idéal le régime communiste : « De l'institution des monastères qui ont dégénéré, pourquoi ne retiendrait-on pas l'idée primitive d'hommes qui se réunissent pour jouir en paix des avantages de la société, qui mettent en commun leurs talents,

---

(1) D'Argenson, *Mémoires*, t. V, p. 513.
(2) Mercier, Au 2240, t. II, p. 278.

leurs fortunes, leurs avantages respectifs afin de les posséder dans la liberté (1) ? »

A côté de ces réclamations contre le régime de la propriété féodale et terrienne, nous avons pu relever çà et là des demandes en faveur des ouvriers. La plupart des philosophes ignorent ces ouvriers qui leur paraissent peu intéressants. Cependant, à mesure surtout que la Révolution approche, on ne peut nier que les plaidoyers en faveur du quatrième état ne se fassent plus fréquents et plus vifs. On préconise la création d'ateliers nationaux où chacun trouvera de l'ouvrage moyennant un taux raisonnable. Le minimum de salaire fixé par la loi aura pour but, espère-t-on, de forcer les entrepreneurs et les particuliers à élever d'autant leur rétribution. Ces ouvriers devront pouvoir exercer leur métier en pleine liberté sans en être empêchés par le règlement des maîtrises et des jurandes dont on réclame l'abolition. Il s'agit de rendre libre le travail industriel comme on veut rendre libre le travail agricole par la suppression des droits féodaux.

Certains se plaignent de l'introduction des machines et du tort qu'elles font à l'ouvrier. Nous avons signalé également la demande de l'abaissement de la journée de travail à huit heures. On ne saurait par conséquent dire que les socialistes du XVIII⁰ siècle se désintéressent complètement des travailleurs. En beaucoup de questions ils nous apparaissent comme les précurseurs de

(1) MERCIER, *Mon bonnet de nuit*, t. IV, p. 123.

Karl Marx ou tout au moins de Fourrier et de Proudhon, autant que l'état de l'industrie, peu développée au XVIIIe siècle, pouvait le leur permettre.

Résumé ainsi en quelques lignes, le programme des socialistes ne laisse pas d'être imposant et de faire une certaine impression. Toutefois le mot est-il juste ? Est-ce bien un programme ? Les socialistes du XVIIIe siècle présentent-ils un corps de doctrine fortement constituée et offrant à l'historien et au sociologue le tableau d'une évolution régulière et coordonnée ?

« Il est évident, dit M. Lichtenberger, que nous ne nous trouvons pas en présence d'un véritable mouvement socialiste, d'un progrès continu dans la formation d'une doctrine nouvelle. Ces théories proviennent de trop de causes diverses et sont faites d'éléments trop disparates, issus les uns d'habitudes de l'ancien régime, d'autres d'idées morales plus récemment apparues. Nous avons affaire à des écrivains souvent isolés et sans rapports entre eux. Si quelquefois une influence prédominante, celle de Rousseau, se fait sentir, on ne peut dire néanmoins qu'il y ait une école socialiste. Quand on étudie les écrits du temps on ne sent pas nettement la filiation des idées des uns aux autres, le développement logique et graduel d'une théorie nouvelle. Il n'y a pas de courant général mais une série de mouvements séparés tantôt rétrogrades tantôt novateurs. Les formes en sont très variables ; il se trouve des répétitions fréquentes et les contradictions ne sont pas rares (1). »

(1) LICHTENBERGER, loc. cit., p. 451

Le jugement nous paraît un peu sévère. Sans doute il ne saurait s'agir de prétendre que tous les systèmes présentent entre eux une suite logique ; que le suivant soit le développement du précédent et que toute cette chaîne qui part de l'*Histoire des Sévarambes* pour aboutir à *Babeuf* soit constituée par des anneaux fortement soudés entre eux. Cependant il nous semble, en s'en tenant aux généralités et en considérant les choses d'un peu haut, qu'on peut établir une filiation entre les différentes idées socialistes. Si nous divisons, comme le fait M. Espinas, comme l'indique M. Lichtenberger lui-même, l'exposé des systèmes en trois périodes, nous verrons que ces périodes s'enchaînent bien et que chacune marque un progrès sur la précédente.

Dans la première qui va environ jusque vers 1748, le socialisme est encore bien vague. Il s'agit surtout de faire la critique de la société, le plus souvent d'une façon indirecte, en représentant le bonheur des peuples qui ont su s'affranchir des conventions de notre civilisation. C'est l'époque des romans historico-socialistes, c'est le temps où le bon sauvage jouit d'un prestige sans conteste.

« A partir de 1748, l'image d'une cité fondée sur l'égalité des biens et des rangs est chose tellement familière à la majorité des esprits cultivés qu'on se préoccupe de lui donner des lois (1). » C'est alors la divergence des systèmes.

____

(1) ESPINAS, *loc. cit.* p. 89.

Une idée cependant semble les dominer tous et assurer en quelque sorte l'unité : c'est la critique du régime de la propriété, que tous s'accordent à regarder comme la cause des maux du peuple et c'est le droit que chacun reconnaît à la société de changer cette propriété créée par elle. « Au fond une seule et même conception sociale habite ces esprits de physionomies si diverses, c'est celle « d'une ménagerie d'hommes heureux (d'Argenson) », d'une petite république égalitaire où l'État règle les fortunes à son gré, distribue les terres et les tâches, préside aux échanges et veille à ce qu'il n'y ait sur son territoire ni riches, ni pauvres, ni paresseux. Est-ce là une école ? Rousseau a certainement beaucoup pris à Montesquieu, et Mably suit Rousseau ; mais le *Code de la Nature* est comme *l'Esprit des lois* un produit spontané de l'état de conscience collectif dont nous venons d'indiquer la genèse. Plus les manifestations de cet état de conscience sont indépendantes les unes des autres, plus elles se répètent malgré leur isolement, et plus elles attestent la grandeur, la force, l'unité du courant d'opinion qui entraîne le siècle ; toutes sont les échos multiples d'une seule voix anonyme qui parle au nom du siècle (1). »

Bientôt d'ailleurs cette école va se continuer, d'une façon quasi officielle, en face d'une autre et pour répondre aux théories de cette dernière. Il est hors de doute que l'école physiocratique eut pour résultat de faire surgir toute une école qui

____

(1) ESPINAS, p. 89.

eut à tâche de réfuter ce qu'elle appelait « les sophistes des physiocrates ».

La troisième période enfin, celle qui précède immédiatement la Révolution, commence vers 1787. C'est à partir de cette époque que nous voyons apparaître toutes ces brochures signalées dans notre dernier chapitre. Les socialistes de cette période se montrent beaucoup plus violents. On commence à parler du quatrième état laissé de côté par les autres écrivains et tenu à l'écart de la vie de la nation.

Ainsi, sans avoir à proprement parler d'Ecole socialiste, un courant nettement établi ne cesse de se faire jour et de progresser pendant tout le XVIIIe siècle. Ce courant emprunte aux conditions mêmes de la vie de l'époque un cachet qui lui est propre.

Mais cela aussi est contesté au socialisme du XVIIIe siècle. On lui dénie tout caractère pratique. On y voit des déclamations de rhéteurs et de philosophes. Ceux-ci se sont émus de la misère du peuple, mais ils y voient bien plutôt un sujet à de belles tirades, qui assureront le succès de leurs livres, qu'un état malheureux qu'il faut s'employer à faire cesser à tout prix. « Il sera bien difficile de voir dans le socialisme des auteurs du XVIIIe siècle autre chose qu'une doctrine morale sans application pratique, qu'un moyen de forcer l'attention ou qu'une forme sentimentale. Les remèdes qu'ils proposent sont généralement insignifiants et leurs cités idéales ne sont que des utopies irréalisables. Ce n'est guère qu'un mouvement sentimental, non

une doctrine sociale nettement établie (1). » —
« On voit que le socialisme du xviii° siècle fut
en somme, sauf quelques exceptions, moral,
humanitaire, métaphysique. Rarement il est
scientifique et pousse à l'action (2). » C'est, nous
semble-t-il, être un peu sévère pour les auteurs
que nous avons étudiés. Il nous est permis de
plaider pour eux les circonstances atténuantes.
Il est facile, croyons-nous, d'expliquer la conduite et la tournure d'esprit des philosophes.

Rarement un philosophe, un homme habitué
aux spéculations de la pensée, sera pressé de
descendre dans la rue pour y faire réaliser les
conceptions qu'il aura forgées dans le silence
de son cabinet. Peu d'hommes ont pu comme
Lamartine être à la fois grands poètes et hommes
d'Etat remarquables. Pourquoi demander à ces
philosophes, à ces économistes deux dons qui
ne sont que fort rarement associés. Remarquons
d'ailleurs que l'époque ne se prêtait guère à de
pareilles manifestations. Sans doute la liberté
de penser et d'écrire s'était un peu augmentée
sous le règne de Louis XV, mais il était encore
dangereux de faire étalage de sa pensée avec
une trop grande netteté. Quoi d'extraordinaire
que ces écrivains, en présence du bouleversement total, nécessaire pour apporter un remède
efficace à la question sociale, aient présenté leurs
observations et leurs critiques enveloppées de
fictions et d'une façon théorique. Seuls quelques

____

(1) LICHTENBERGER, *loc. cit.*, p. 131.
(2) LICHTENBERGER, *loc. cit.*, p. 19

exaltés demandent une révolution. Mais la plupart, gens sensés et prudents, se contentent de lancer dans le public des idées dont le germe ira en se développant et créera alors une atmosphère favorable à la réalisation de leurs constitutions.

Tout le monde ne peut pas mener la Confédération Générale du Travail à l'assaut de la société ; beaucoup cependant s'accordent à reconnaître que bien des remèdes pourraient être apportés à l'organisation sociale actuelle. Il fallait une époque de crise pour qu'on pût songer à faire passer dans la pratique les idées émises par les socialistes. Il eût cependant fallu être singulièrement audacieux pour précipiter la France dans une révolution sous prétexte de changer l'ordre social (1). Il fallait un concours de circonstances qui n'allait pas tarder à être réalisé. Mais la crise aurait-elle eu lieu sans les critiques que ces philosophes avaient faites de la société ? Toutes ces attaques contre la propriété n'ont-elles pas eu un rôle dans le déchaînement de la Révolution ? Il est évident qu'il y eut, de la part de ces deux forces, action et réaction de l'une sur l'autre. L'état de crise produit par la Révolution permit de faire passer dans la pratique beaucoup d'idées dont l'énoncé seul avait suffi à causer

(1) Un des hommes les plus remarquables de la fin du xviiie siècle, le célèbre Turgot, fournit à l'appui de notre thèse un exemple frappant. Il n'était pas sans se rendre compte du mal dont souffrait la société : l'extrème inégalité des charges qui faisait retomber tout le poids des impôts sur les plus pauvres ; et cependant malgré son désir très sincère d'apporter remède à la situation misérable de la France, il recula devant l'énormité de la tâche et ne prit que des mesures à côté, n'osant s'attaquer au mal dans ses racines.

une perturbation profonde et commencé d'ébranler le vieil édifice social. On veut bien critiquer, mais on recule, épouvanté, devant un bouleversement complet. La plupart des auteurs seraient ici de l'avis de Diderot, qui semble refléter les sentiments de ses contemporains : « Nous parlerons contre les lois insensées jusqu'à ce qu'on les réforme, et en attendant nous nous y soumettrons. Celui qui de son autorité privée enfreint une mauvaise loi, autorise tout autre à enfreindre les bonnes (1). »

Voilà un langage qui peut n'avoir rien de révolutionnaire mais qui semble d'un citoyen soucieux du bien de son pays. Il ne veut pas le lancer dans le hasard des Révolutions, encore bien qu'il constate que tout est loin d'être parfait dans l'Etat. Mais il préfère l'améliorer que de le détruire de fond en comble.

Les ouvrages de ces philosophes n'en étaient pas moins singulièrement révolutionnaires. Sous des formes séduisantes, avec des dehors plus ou moins trompeurs, c'est un changement radical de l'Etat social que réclament les socialistes : « En somme il n'y avait dans les intentions de ceux qui rédigèrent ces écrits nulle idée de bouleversement dans le principe de propriété. C'est avant tout de la suppression des privilèges, de l'égalité devant la loi, que l'on attend le meilleur effet (2). »

Cela nous paraît terriblement révolutionnaire. Voilà une société qui repose sur la distinction

(1) DIDEROT, t. IV. p. 35.
(2) LICHTENBERGER, loc. cit., p. 325.

de trois classes, chacune avec des privilèges
nettement affirmés, où les deux premières se
regardent comme tout à fait supérieures à la troisième ; voilà une société dans laquelle le régime
de propriété est soumis à des vexations de toutes
sortes, où la plus grande partie du peuple ne
peut se considérer comme maîtresse chez elle ; où
non content de la pressurer par des impôts de
toute nature on la contraint, encore à acquitter
des redevances tracassières et vexatoires ! On
demande que cette inégalité soit abolie, que
chacun soit accessible à tous les emplois, que
l'impôt cesse de porter exclusivement sur le
pauvre, on veut obtenir que quiconque cultive
la terre puisse se considérer comme propriétaire, que tous les droits féodaux soient supprimés, que le droit de travailler à tel métier qui
bon lui semblera soit reconnu à tout homme,
et on trouve que ces demandes sont théoriques,
que ce sont là déclamations de philosophes sen-
sibles ! C'est pourtant la réalisation de ces
demandes qui aura pour résultat la chute de
l'Ancien Régime et l'avènement d'un état de
choses complètement différent. C'est sur ces principes, qu'on vous demande de transformer, que
repose la société ! Ce changement n'implique pas
une transformation violente, mais cela n'exigeait
pas moins une véritable et très réelle révolution.
Demander aujourd'hui, dans notre société contemporaine, la suppression du patronat et du
salariat, n'est-ce pas en un sens se montrer pro-
fondément révolutionnaire ? N'est-ce pas vouloir
modifier de fond en comble le monde entier du

travail qui repose en ce moment sur ce postulat ? N'était-ce pas vouloir modifier complètement la société que de réclamer l'abolition des droits féodaux, la liberté de la propriété et la proclamation de l'égalité ?

Ainsi donc ces socialistes du xviiie siècle, sous des dehors pacifiques, n'en cachaient pas moins des idées fort dangereuses pour l'état social de leur époque. Il semble bien qu'on doive admettre qu'ayant vu le malaise social dont souffraient leurs contemporains, ils ont essayé d'y apporter remède.

A un autre point de vue ils méritaient d'attirer notre attention. Si l'on peut, pour la commodité de l'exposé ou l'exigence de la documentation, découper l'histoire en tranches et examiner seulement une de ces périodes, on ne saurait cependant oublier ce que ces divisions ont d'arbitraire. L'histoire ne forme qu'un tout où les faits se tiennent et s'enchaînent. Il faut à la fin de cette étude replacer nos socialistes du xviiie siècle dans leur cadre historique : entre les socialistes de la Renaissance Campanella et Morus, que tant de philosophes citent et analysent, et les auteurs, qui, au xixe siècle, ont voulu apporter remède à la question sociale de leur époque. « Ce sont eux (les socialistes du xviiie siècle) qui suggérèrent aux esprits l'idée de la voie où il fallait chercher des remèdes, quand l'expérience prouva qu'ils étaient nécessaires. Sans exagérer leur influence, sans oublier que ce sont les faits et non les idées qui font agir, il est permis de constater que leurs doctrines trouvèrent du succès et des disciples sous la Révolution et plus tard (1). »

La critique qu'ils avaient faite de la société et de la propriété devait en effet servir à leurs successeurs dans le combat qu'ils allaient à leur tour livrer à cette société issue de la Révolution. Le point de vue n'était plus le même, le problème se présentait sous un jour nouveau ; mais nombreux sont ceux qui se souvinrent au XIXe siècle des rêves communistes de Morelly ou de Mably, des attaques contre le capitalisme de Linguet et de Necker.

(1) LICHTENBERGER. *loc.*, *cit.*, p. 459.

BIBLIOGRAPHIE

A. Bayet et F. Albert. — **Les Ecrivains politiques au xviiiᵉ siècle**, extraits avec introduction et notes, 1904, chez A. Colin.

P. Brisson. — **Histoire du travail et des travailleurs**, 1905, chez Delagrave.

H. Carré. — **La France sous Louis XV**, 1891, Bibliothèque d'histoire illustrée, chez Société française d'éditions d'art.

E. Champion. — **La France d'après les cahiers de 1789**, 1897, chez A. Colin.

A. Espinas. — **La Philosophie sociale du XVIIIᵉ siècle et la Révolution**, 1898, chez Alcan.

Hocquart de Turtot. — **Le Tiers Etat et les privilèges**, 1907, chez Perrin et Cⁱᵉ.

A. Lecocq. — **La Question sociale au XVIIIᵉ siècle.** *Association catholique* du 15 juillet 1908.

A. Lichtenberger. — **Le socialisme au XVIIIᵉ siècle**, 1895, chez Alcan.

Du même. — **Le Socialisme utopique**, 1898, chez Alcan.

A. Rambaud. — **Histoire de la civilisation française**, t. II, 1902, chez Colin.

A. Rastoul. — **Une Organisation socialiste moderne, Les Jésuites au Paraguay**, chez Bloud, col. *Science et Religion*, Nᵒ 428.

F. Rocquain. — **L'Esprit révolutionnaire avant la Révolution**, 1858, chez Plon et Cⁱᵉ.

G. Schelle. — Art. « **Impôts** » de Quesnay, *Revue d'Histoire des doctrines économiques et sociales.* Nᵒ 2, 1908.

M. Souriau. — **Louis XVI et la Révolution**, 1893, Bibliothèque d'histoire illustrée, chez May et Motteroz.

H. Taine. — **Les Origines de la France contemporaine, t. I, L'Ancien régime**, 1902, chez Hachette.

A. de Tocqueville. — **L'Ancien régime et la Révolution**, 1877, chez Plon et Cⁱᵉ.

TABLE DES MATIÈRES

CHAPITRE PREMIER

CHAPITRE II

CHAPITRE VII

Les physiocrates. — Lois naturelles préexistant à toute société. — Liberté de l'homme. Propriété personnelle, propriété mobilière, propriété foncière. Laissez faire, laissez passer. — Diderot disciple des physiocrates. Ses contradictions. — Helvétius. — Condorcet. — Raynal. Sa doctrine de la propriété et la doctrine catholique.

CHAPITRE VIII

Linguet. Son socialisme. — La propriété née de l'usurpation. Situation misérable de l'ouvrier. — Loi d'airain des salaires. — Necker. Ses attaques contre les physiocrates. Intervention de l'Etat. — Graslin et son impôt progressif sur le revenu. — Tifaut de la Noue.

CHAPITRE IX

Leroy de Barincourt. — La vie et les doléances d'un pauvre diable. — Vœux du quatrième état. — Gosselin. — Partage des terres. L'homme simple usufruitier de la terre. — Maréchal. — Babeuf avant 1789. Branle-bas général nécessaire. — Les cahiers des états généraux. — Liberté de la propriété, liberté de l'industrie.

CONCLUSION

1079-08. — Imprimerie des Orphelins-Apprentis, F. BLÉTIT
40, rue La Fontaine, Paris-Auteuil.